AF647865

Lost & Dark Places
Südtirol

Trauriger Schmiedhof, hier ist nichts mehr zu retten (Kapitel 15).

Lisa und Wilfried Bahnmüller

Lost & Dark Places
SÜDTIROL

35 vergessene, verlassene und unheimliche Orte

BRUCKMANN

↑ Straßenwärterhäuschen im Ort Reschen (Kapitel 2)

↓ Zwischen den Rosszähnen wird man ganz klein (Kapitel 20).

↘ Mystische Schalensteine (Kapitel 28)

INHALT

35 LOST & DARK PLACES

↑ Burgruine Maultasch (Kapitel 16)
↗ Glück gehabt: das Haus am Stein (Kapitel 15).

VORWORT

Klar, Südtirol, das Land der Berge, ist einfach wunderschön. Ein Sehnsuchtsland mit allen seinen wilden Dolomitengipfeln, friedvollen Almen, weiten Tälern und tiefen Schluchten. Den blauen Seen und tosenden Wasserfällen, den trutzigen Burgen und freundlichen Bergbauern, den einsamen Kirchen und herrschaftlichen Klöstern sowie den weiß blühenden Apfelhainen und rot leuchtenden Weinbergen … ganz einfach: Südtirol macht süchtig …
Aber Halt! Da gibt es auch eine ganz andere Seite von Südtirol. Jede Menge unheimlicher Winkel, verlassener Orte, gewaltiger Kraftplätze, eine Vielfalt an verwunschenen Burgen, Ruinen, Seen und eine energiegeladene Natur. Historischer Grund und Boden, Kriegsschauplätze, aber auch religiöse Stätten aus vorchristlicher Zeit. Wir haben uns, auch wenn wir keine Historiker sind, auf die Suche danach gemacht und viele unterschiedliche Orte gefunden, die jeden abenteuerlustigen und entdeckerfreudigen Reisenden faszinieren. Vor allem haben wir Wert darauf gelegt, dass diese schaurigen Orte relativ leicht zu erreichen sind. Außerdem wollten wir, dass man zumindest noch ansatzweise etwas von den

Oberhalb von Brixen zogen viele Völker durch Südtirol, alle hinterließen Spuren (Kapitel 28).

verlassenen und dunklen Orten zu sehen bekommt.
Dabei gibt es in Südtirol noch jede Menge mehr schaurige, gruselige Plätze, denen ein Spuk, Tod oder ein Verbrechen anhängt. Aber in diesem Buch war leider nicht mehr Platz, und so mussten Geschichten über die Feuernächte im Juni 1962, über den Massenmörder Guido Zingerle, über Lawinenunglücke oder die großen Felsstürze – auch die aus jüngster Zeit – wie am Hotel Eberle bei Bozen oder bei dem einsamen Hof in Tramin außen vor bleiben. Und natürlich gäbe es in Südtirol noch viel mehr Geschichten über Burgen zu erzählen, Sagen aus der Welt der Dolomiten, über Schalen- und Opfersteine oder über berühmt-berüchtigte Wege, wie der Ochsentodweg oder die gefährliche Besteigung des Ortlers über die Nordwand. Interessanterweise gibt es in Südtirol wenig verfallene Industrie- oder Wohngebäude. Sogar von den Grand Hotels aus dem 19. Jahrhundert sind einige, zumindest in den Grundzügen, noch immer gut erhalten. Das liegt daran, dass der Grund und Boden in Südtirol teuer ist und somit nie etwas lange leersteht. Zum anderen kümmern sich die Südtiroler selbst sehr gut um ihr Eigentum und haben es gerne, wie man sagt „sauba beinand“.
Jetzt ist noch Zeit, die morbiden Lost and Dark Places zu erkunden, bevor sie in der Geschichte vergehen. Dafür wünschen wir Ihnen viel Spaß und eine gehörige Portion Nervenkitzel.

Lisa und Wilfried Bahnmüller

Leonhards Einsiedelei bei Maria Weißenstein (Kapitel 19)

VERHALTENSREGELN FÜR LOST PLACES

1. Behandeln Sie die Orte mit Respekt

Jedes Bauwerk und jedes Gebäude erzählen eine Geschichte aus vergangenen Tagen. Dies gilt es zu schützen. Und auch wenn es teilweise nicht so aussieht, aber jeder dieser Lost Places hat einen Eigentümer. Das sollte respektiert werden. Das beinhaltet vor allen Dingen, dass nichts zerstört oder gewaltsam geöffnet wird. Sind Fenster oder Türen verschlossen, sollte das auch so bleiben. Gehen Sie respektvoll mit dem Ort um.

2. Nehmen Sie nichts mit, lassen Sie nichts da

Wenn Sie etwas von einem Lost Place mitnehmen, und sei es noch so klein, ist es Diebstahl. Wie bereits in Punkt 1 gesagt, alle diese Orte haben einen Eigentümer. Daher gilt die Regel: Alles bleibt, wie es ist. Belassen Sie es bei den schönen Einblicken und Fotos, die Sie an dem Ort machen. Gleiches gilt auch umgekehrt: Lassen Sie nichts liegen. Keine Essensreste, keine Kaugummis, keine Kippenstummel.

3. Rauchen verboten

Das bringt uns zum nächsten Punkt: Rauchen verboten. Zollen Sie dem ehrwürdigen Ort Respekt und verzichten Sie für die Zeit, die Sie da sind, aufs Rauchen. Kippenstummel brauchen nicht nur 15 Jahre zum Verrotten (sie sollten übrigens nirgends achtlos weggeworfen werden), sondern können schnell ein Feuer verursachen.

4. Keine Graffiti

Dass Sie nichts hinterlassen sollen, gilt auch für Kunstwerke an den Wänden. Man sprüht einfach nicht auf fremdes Eigentum, sei es noch so schön. Lassen Sie die Wände wie sie sind, sodass auch noch Menschen nach Ihnen den Ort so erleben können, wie er früher einmal war.

5. Seien Sie vorsichtig

Vorsicht ist besser als Nachsicht. Das gilt vor allem bei Lost Places. Marodes Holz, verrostete Geländer, einsturzgefährdete Decken, lockere Böden (teilweise befinden sich noch Kellergeschosse darunter), eingeschlagene Fenster – die Liste der Gefahren solcher Orte ist lang. Seien Sie daher immer wachsam. Begeben Sie sich niemals in Gefahr für das eine Foto. Das ist es nicht wert. Treppen und obere Etagen sind eine gängige Gefahrenquelle. Schauen Sie sich den Zustand der Treppe und der Decke genau an. Nehmen Sie auch eine Taschenlampe für dunkle Räume und Keller mit.

6. Gehen Sie nicht allein

Es ist ratsam, immer mindestens zu zweit, besser noch zu dritt, einen Lost Place zu be-

Der Heilige Prokulus wacht über Naturns (Kapitel 8).

Stibitze niemals Wein aus dem Keller der Salurner Haderburg! (Kapitel 23)

suchen. Da gilt die alte Regel: Ist eine Person verletzt, bleibt die Zweite vor Ort und die Dritte holt Hilfe. Zudem weiß man nie, wen man vor Ort trifft. Plünderer, Spinner und betrunkene Jugendliche sind auch oft in Lost Places anzutreffen. Da ist es beruhigender, nicht allein unterwegs zu sein.

7. Erregen Sie kein Aufsehen

Da viele Lost Places in Privatbesitz sind, gilt hier »Betreten verboten«. Auch, wenn das Tor angelweit aufsteht oder ein riesiges Loch im Zaun ist. An Orten, an denen das Zugangsrecht nicht ganz klar ist, ist es ratsam, sein Auto nicht direkt vor dem Gelände zu parken. Schauen Sie beim Betreten des Geländes auch immer, dass Sie niemand sieht. So vermeiden Sie unerwünschte Begegnungen und mögliche Konfrontationen mit der Polizei.

Ausrüstung

Wir empfehlen Folgendes:

- Festes Schuhwerk, hohe Socken (Schutz vor Zecken)
- Reißfeste Kleidung, ggf. leichte Regenjacke
- Kamera inkl. Zusatzakku, Speicherkarten, Stativ
- Proviant und Getränke (nehmen Sie aber alles wieder mit)
- Kopf- oder Stirnlampe für freie Hände
- Taschenlampe mit weitem Winkel für Keller und dunkle Räume
- Taschenmesser
- Aufgeladenes Handy (ggf. Powerbank)
- Notizblock und Stift
- Pflaster und Taschentücher
- Mücken- und Zeckenspray

Das alte Hospiz, einst Herberge vieler Pilger (Kapitel 22)

Es war einmal eine stolze Burg im Vinschgau:
Ruine Obermontani (Kapitel 1).

VINSCHGAU

Die gewaltige Panzersperre auf der Plamort-Hochebene kam nie zum Einsatz.

1

DUNKLE VERGANGENHEIT IM GRENZGEBIET

Drachenzähne auf der Plamort

Ein dunkles Geheimnis liegt in den Bergen zwischen Nauders und Reschen. Mit Eisen bestückte Drachenzähne sicherten die Grenze: die Panzersperre von Plamort.

Plamort oberhalb von Reschen **Ort** Touristinfo, Hauptstraße 22, 39027 Reschen **GPS** 46.844267, 10.526689 **Anfahrt** ÖPNV: Mit dem Zug nach Mals, weiter mit dem Bus nach Reschen; Auto: Nördlich des Reschensees liegt Reschen, es gibt einen kostenpflichtigen Parkplatz in der Altdorfstraße **Info** www.vinschgau.net

GEGENSÄTZE Der verlorene, einsame Turm im Reschensee ist weitaus bekannter als die gewaltige Wehranlage Plamort im Grenzgebiet zu Österreich. Sie liegt auf einer Hochebene jenseits der Baumgrenze und ist heute für alle Grenzgänger frei zugänglich. Viele der Bunker stehen offen, die tiefen Verbindungswege sind deutlich zu sehen. Besonders gewaltig sind die Drachenzähne, die Panzersperren, die außergewöhnlich gut erhalten sind. Sie bilden einen extremen Kontrast zur ansonsten rundum idyllischen Bergwelt: mit dem lieblichen Hochmoor, den sensationellen Aussichten und den friedlich grasenden Bergschafen. Ein wirklich unheimlicher Ort mit einer dunklen Vergangenheit.

DER ALPENWALL Dabei ist Plamort nur ein kleiner Teil einer weitläufigen Grenzanlage, die man *Vallo Alpino Littorio*, zu Deutsch Alpenwall, nennt. Der Alpenwall wurde bereits nach dem Ersten Weltkrieg errichtet und sollte die italienischen Außengrenzen sichern. Vor allem nach der endgültigen Machtübernahme Benito Mussolinis 1926 wurden mit einem ungeheuren Aufwand viele neue Wehranlagen geschaffen. Sie führten entlang der französischen Grenze in den Seealpen bis nach Istrien. Italiens faschistischer Diktator Mussolini, der »Duce«, war eigentlich ein Verbündeter Adolf Hitlers. Aber das gegenseitige Vertrauen war nicht zu groß. Als Hitler im März 1938 den Anschluss Österreichs an das nationalsozialistische Deutsche Reich veranlasste, dehnte er damit seine Macht und sein Reich automatisch nach Süden direkt an die Grenze Italiens aus. Trotz des Stahlpakts vom Mai 1939, der die gegenseitige Unterstützung im Kriegsfall samt Anerkennung der Grenze am Brennerpass zwischen dem Deutschen Reich und Italien sicherte, befürchtete der »Duce« nicht nur eine Invasion, sondern argwöhnte, dass das ursprünglich österreichische Südtirol ans Deutsche Reich fallen könnte. Es war erst wenige Jahre zuvor durch den Friedensvertrag nach dem Ersten Weltkrieg unter großem Widerstand der Südtiroler Italien zugesprochen worden. Deshalb forcierte Mussolini ab 1938 den Bau des gigantischen Verteidigungssystems. Unzählige Sperranlagen wurden in Tälern, auf Pässen und an strategisch wichtigen Punkten auf den Bergen errichtet. Dafür baute man Bunkeranlagen, Panzersperren, Schützengräben, Kampf- und Beobachtungsstände, Versorgungsgänge, Kasernen sowie Artilleriebastionen. Diese enormen Baumaßnahmen blieben den Deutschen nicht verborgen und so wurden die Arbeiten nach deren Protest 1942 eingestellt, wobei der Bauabschnitt bei Reschen schon fertiggestellt war. Zumindest dort musste kein Soldat sein Leben lassen. Die Grenzsicherung in dem Drei-Länder-Eck wurde 1943, als die deutsche Wehrmacht in Italien einmarschierte, voll funktionstüchtig, aber kampflos übergeben. Bis 1962 wurde die Anlage gewartet und geriet danach in Vergessenheit, bis sie 1999 von der italienischen Regierung an die Provinz Südtirol übergeben wurde, die Renovierungs- und Sicherungsarbeit leistete.

ERREICHBAR MIT EINER WANDERUNG ODER EINER MOUNTAINBIKE-TOUR Die Drachenzähne lassen sich nur zu Fuß (4 Std., 10,5 km, 550 hm) oder mit einer relativ einfachen Mountainbike-Tour erreichen. Letztere führt über eine Forststraße vorbei, an der Etschquelle hinauf und hinunter. Für die Wanderung startet man an der Touristinfo in Reschen und folgt dem Gehweg parallel zur Hauptstraße in Richtung Reschensee. Fast am Ortsende biegt man vor dem Hotel Eden links ein, von rechts stößt die Straße durch die Unterführung dazu. Unmittelbar nach dem Hotel geht es dann rechts. Der Weg wird zum Feldweg, die Abzweigung

Langsam verfallen die Bunker Mussolinis am Reschenpass.

↑ Einige Bunker kann man begehen.
↗ Die Etschbunker im Tal sind gut getarnt.

nach links zur Etschquelle passiert man nur. Stets der Beschilderung Weg Nr. 1A folgend, teilt man sich stellenweise den Aufstiegsweg mit dem Mountainbike-Trail, den die wagemutigen Downhill-Radfahrer bergab nutzen. An den meisten Stellen sind die Strecken jedoch getrennt. Der Weg wird steil, dann lichtet sich der Wald, und mit einem letzten kleinen Aufschwung steht man auf einer kleinen Almstraße. Die Aussicht ist sagenhaft schön: Umgeben von hohen Bergen, öffnet sich das Tal nach Süden und lässt den Reschensee in der Sonne gleißen. An seinem Horizont erhebt sich ein gewaltiger schneebedeckter Riese mit vielen Gipfeln und Scharten: der Ortler, seine Majestät höchstpersönlich! Aber wegen der Aussicht allein ist man nicht gekommen und deshalb setzt man den Weg nach rechts fort.

FOTOSPOT UND RASTPLATZ Nach wenigen Minuten weist das Schild zur Plamort nach links. An der Stelle liegt etwas unterhalb der Almstraße ein beliebter Fotospot und etwas oberhalb ein toller Rastplatz mit Bänken und einem Tisch. Über die Almwiesen geht es nun auf dem breitesten Pfad Richtung Norden noch ein Stück aufwärts. Wer unbedingt ein Gipfelkreuz mitnehmen möchte, kann nach links noch den höchsten Punkt der Ebene ansteuern. Ansonsten hat man hier die Hochebene Plamort erreicht, und der Blick öffnet sich zu den Bergen rund um Nauders. Rundum stößt man überall auf die historischen Bunkeranlagen und Wehrgänge. Infotafeln zeigen alle Standpunkte. Die Panzersperre ist nicht zu übersehen, sie liegt mitten am Hochmoor, kurz vor der eigentlichen Grenze. Die gewaltigen Drachenzähne produzieren Gänsehaut. Gut, dass die Sonne scheint und Schmetterlinge über das liebliche Hochmoor flattern. Ein Abstecher auf dem Bohlenweg und über Trampelpfade zur Grenze lohnt sich deshalb allemal.

ABSTIEG Für den Abstieg folgt man dem Weg entlang der Panzersperre nach Westen. An ihrem Ende biegt man links ab und nun geht es wieder über die Almwiesen in südlicher Richtung. Ein größerer Bunker liegt noch rechts des Weges, ein Blick lohnt sich. Wer Orientierungssinn besitzt, kann den Abstiegsweg etwas abkürzen. Noch vor dem Bunker führt rechts ein Wiesenweg abwärts, die Stelle war jedoch 2022 nicht ausgeschildert. Der Pfad führt in den Wald und biegt dann bei einer kleinen Almhütte links ab, um in einer Serpentine auf die Almstraße zu treffen, die auch die Mountainbiker benutzen. Wer diesen Weg nicht findet, bleibt am Bunker geradeaus über die Wiesen und trifft leicht bergab ebenfalls auf die Almstraße, nur weiter oben. Auf der Almstraße geht es nun gemütlich über einige Kurven und Serpentinen stets abwärts zurück ins Tal.

Die Eingänge zu den Bunkern sind gut versteckt und in die Landschaft integriert.

ETSCHQUELLE Fast schon unten bietet sich dann nach rechts noch ein Abstecher zur Etschquelle an, immerhin der zweitgrößte Fluss Italiens, nach dem Po. Auf dem Weg dorthin liegen einige weitere Bunkeranlagen versteckt im Wald, die allein schon eine Wanderung wert sind. Immer dem Hauptweg folgend, treffen wir schließlich unterhalb des Sportplatzes auf die ersten Häuser von Reschen. Rechts durch den Waldbodenweg geht es nun, steil den Kurven folgend, abwärts zurück zur Hauptstraße.

Noch mehr Lost Places

Mitten im Wald verstecken sich die Etschbunker, sie sollten einst den Talgrund sichern. Künstliche unterirdische Anlagen, mit Schießscharten und Geheimtüren, die täuschend echt wirken und mit der Natur verschmelzen. Teile von ihnen wurden in den Berg gegraben, aber die meisten Felsen sind nur aus Beton gespritzt. Heute wachsen Moose und Farne auf ihnen, die perfekte Tarnung. Der Bunker Nr. 20 ist mit einer Länge von 270 Metern der bekannteste, wenn auch nicht der größte. Er lässt sich im Rahmen einer Führung besichtigen. Dabei sollte man sich warm anziehen, denn im Inneren der Anlage herrscht eine konstante Temperatur von 7 °C. Von außen sind die Bunker jederzeit frei zugänglich und mit einem kurzen Spaziergang erreichbar.

Die mehrsprachigen Warnhinweise sollten Touristen und Einheimische fernhalten.

2

VERGÄNGLICHE SCHÖNHEITEN IN DER NATUR

A.N.A.S. – die roten Häuser

An die 30 Lost Places sind in ganz Südtirol verstreut, aber immer erkennbar an ihrer roten Farbe, die nun langsam abbröckelt und damit den Hauch des Untergangs einläutet.

A.N.A.S.-Häuschen **Ort** z. B. Hauptstraße, 39027 Reschen **GPS** 46.827627, 10.520971
Anfahrt ÖPNV: Mit dem Bus nach Mals und weiter mit dem Bus nach Reschen; Auto: Am oberen Ende des Vinschgau liegt Reschen. Das Häuschen befindet sich an der Hauptstraße
Info www.stradeanas.it

Die A.N.A.S.-Häuschen, wie am Timmelsjoch, sind zu einem Symbol Italiens geworden.

NICHT NUR IN SÜDTIROL Die auffälligen, manchmal stark verfallenen roten Straßenwärterhäuser findet man in ganz Italien. Auf der Fassade steht meist die Aufschrift A.N.A.S. oder Casa Cantoniere und eine Straßenbezeichnung samt Kilometerpunkt, je nachdem, wo das kleine Häuschen steht. Aufgefallen sind sie bestimmt schon jedem Reisenden, auch wenn ihr Zweck den meisten verborgen bleibt. A.N.A.S. steht für *Azienda Nazionale Autonoma delle Strade*. Gemeint ist damit eine Gesellschaft mit Sitz in Rom, zuständig für das Netz von Straßen und Autobahnen von staatlichem Interesse. Damit dies bei einem so weitverzweigten Straßennetz wie dem italienischen funktionieren konnte, wurden in ganz Italien die kleinen Häuschen, sogenannte *Case Cantoniere* erbaut. Alle im leuchtenden, pompejanischen Rot gestrichen, standen sie in bestimmten Abständen entlang der italienischen Straßen.

ZWECKGEBÄUDE Sie waren immer ganz nahe an der Straße erbaut, hatten kaum einen Garten, aber die Pflasterung ging bis an das Haus. So konnte man Werkzeuge, Material und Geräte für den Erhalt der Straßen leicht verladen. In einigen von ihnen wohnte sogar ein Cantoniere, ein Bauarbeiter, der für einen bestimmten Straßenabschnitt zuständig war. Die meisten der Case Cantoniere wurden am Anfang des 20. Jahrhunderts gebaut. Aber schon in den 1980er-Jahren wurden viele der Häuser nicht mehr benötigt und sie begannen langsam zu verfallen. Trotzdem prägen sie mit ihrer Architektur bis heute das Straßenbild Italiens und damit auch das von Südtirol.

SÜDTIROLER STRASSENKULTUR Seit 1998 gibt es die A.N.A.S. in ihrer Form nicht mehr. Die autonome ganzstaatliche Straßenverwaltung wurde auf die einzelnen italienischen Provinzen aufgeteilt. Die Staatsstraßen gehören zwar noch immer dem Staat, werden aber in Südtirol von der Landesregierung verwaltet. Sie ist nun auch Eigentümerin aller *Case Cantoniere* von Südtirol. An die 30 Stück sind im Land verstreut. Die genaue Zahl war noch nicht einmal bei der Übergabe der Listen aus Rom bekannt und wurde von den Südtirolern selbst vervollständigt. Die Straßenwärterhäuser, die mit der Vertragsunterzeichnung ins Eigentum der Landesverwaltung übergegangen sind, liegen meist entlang der größeren Land- und Passstraßen.

JEDEM SEIN LOST PLACE So kann jeder für sich seinen eigenen Lost Place entdecken, man muss nur die Augen aufhalten, wobei das einstige Rot, das nun meist schon abblättert, eigentlich ins Auge sticht.

Gefundene Lichtblicke

Einige der *Case Cantoniere* sollen jetzt neue Bestimmungen erhalten. Sie werden als Immobilien genutzt, und es gibt Pläne zur Umgestaltung für kulturelle Zwecke, Touristinfos, Souvenirläden oder Bars.

Der langsame, aber sichere Verfall ist nicht zu übersehen.

Am Karerpass wurde zumindest an das Wärterhäuschen ein Imbiss angebaut.

3

TRAURIGES MAHNMAL ODER HÜBSCHES FOTOMOTIV

Der Kirchturm im Reschensee

Der alte Kirchturm von Graun ragt, als letzter Rest eines ganzen Dorfes, aus dem Wasser des Reschensees. Noch heute wirft die Geschichte dazu viele Fragen und Wunden auf.

Kirchturm Altgraun **Ort** Graun im Vinschgau, 39027 Graun **GPS** 46.810607, 10.537781
Anfahrt ÖPNV: Mit dem Zug nach Mals und weiter mit dem Bus nach Graun am Reschensee; Auto: Die SS40 führt von der Grenze bei Nauders über den Reschensee nach Mals.
Info www.vinschgau.net

Der Reschenstausee mit seinem Kirchturm von Altgraun, der je nach Wasserpegel mal mehr, mal weniger aus dem See ragt.

FOTO ODER MAHNMAL? NATÜRLICH ODER KÜNSTLICH? Nur langsam, ganz langsam heilen die Wunden. Und was für die einen das erste schöne Urlaubsfoto auf dem Weg in den Süden ist, ist für die anderen ein schmerzhafter, wunder Punkt in der Vergangenheit, der niemals ganz heilen wird: der alte Kirchturm von Graun im Reschensee. Wer den Weg nach Südtirol über das Dreiländereck bei Nauders und damit durch das obere Vinschgau wählt, trifft automatisch kurz nach dem Grenzübergang auf den Reschensee. Wenn er normale Stauhöhe hat, würde man meinen, dass es sich um einen ganz natürlichen Bergsee handelt, der schon immer hier gewesen ist. Ganz unrecht hat man damit nicht, denn bevor der See aufgestaut wurde, gab es in der weiten Talebene bereits zwei kleinere Seen, die von der Etsch und einigen Bergbächen gespeist wurden. Pläne, aus diesen zwei Seen einen künstlichen Stausee zur Energiegewinnung zu bauen, sind schon über 100 Jahre alt.

BITTERE GESCHICHTE DER OHNMACHT
Ab 1937 beschloss die Regierung unter Mussolini im Zuge des immer höher werdenden Energiebedarfs den Bau des Stausees und förderte das Projekt. Die Konzession dazu wurde an den neugegründeten italienischen Energiekonzern Montecatini vergeben, der bereits 1939 mit ersten Baumaßnahmen begann. Später stieg dann ein Schweizer Energieunternehmen mit ein. Unter dem faschis-

Vor der Schneeschmelze ist wenig Wasser im Reschenstausee, aber der Ortler ist bei gutem Wetter immer zu sehen.

tischen Regime fanden die ersten Enteignungen der Bevölkerung aus den Dörfern Graun und Reschen statt. Damals gingen die Bewohner davon aus, dass der See »nur« um 5 Meter aufgestaut werden würde. Doch dabei blieb es nicht. Wissentlich ließ man die Südtiroler in dem Glauben. Ein Aushang, der am Dorfbrett angeschlagen wurde, berichtete zwar von 22 Metern Seestauung, aber den konnte keiner lesen, denn er war nur in italienischer Sprache geschrieben. Als die Dorfbevölkerung schließlich davon erfuhr, war alles zu spät. Wobei Proteste und Auflehnung sowieso im Keim erstickt wurden.

KURZER AUFSCHUB UND DANN WINDESEILE Der Zweite Weltkrieg verhalf noch einmal zu einem kurzen Aufschub der baulichen Umsetzung, aber danach ging alles ganz schnell. Es war klar, dass große Teile des Ortes Reschen und das gesamt Dorf Graun im See versinken würden. Die sowieso schon bitteren Nachkriegsjahre wurden für die Bevölkerung im Oberen Vinschgau noch schlimmer. Innerhalb von nur wenigen Wochen mussten sie ihr ganzes Hab und Gut aus den Häusern schaffen, denn 1949 begann man ohne Rücksicht auf die Dorfbevölkerung mit der Stauung. Die Bewohner wurden mehr oder weniger gewaltsam vertrieben, denn das Wasser stieg bereits. Man bot zwar den ca. 100 betroffenen Familien an, an höherer Stelle ein neues Haus zu bauen, für die Zwischenzeit gab es eine Barackenlösung. Aber für fast 1000 Menschen war das neue Dorf zu klein und angesichts des großen Flächenverlustes ihrer landwirtschaftlichen Äcker gab es für die wenigsten eine Chance, weiter als Bauer zu arbeiten. Gerade einmal 35 Familien entschieden sich fürs Bleiben, von einem na-

Nur der Turm der Pfarrkirche St. Katharina ist erhalten geblieben.

türlichen Dorfgefüge mit einer dörflichen Gemeinschaft konnte keine Rede mehr sein.

WUT UND ZORN Wie groß mag die Trauer über den Verlust der Heimat gewesen sein? Wie groß waren wohl die Wut und der Zorn auf die sowieso schon verhasste und als aufgezwungen empfundene Regierung in Rom? Im oberen Vinschgau war man kein Italiener, man empfand sich immer noch eher als Österreicher. So wurde der Spalt zwischen der ungeliebten Regierung und den Vinschgauern nur noch größer. Rasch wurden die Toten noch umgebettet, dann versank alles in den Fluten. Fast alle Gebäude wurden gesprengt, ausgenommen der Grauner Kirchturm, der nur aufgrund seines kunsthistorischen Wertes stehen bleiben durfte. Der Untergang war nicht mehr aufzuhalten. Es gab nur einen Gewinner, den Energiekonzern – und viele traurige Südtiroler Verlierer. Die meisten Familien emigrierten in die Schweiz oder nach Österreich.

EIN NEUANFANG IST MÖGLICH Eine große Wunde zerriss das verlorene Dorf, und das war viele Jahre lang stark zu spüren. Jeder, der durch den Ort fuhr, hatte trotz der eigentlich schönen Lage am See stets das Gefühl, in einem verlassenen, schäbigen Grenzort zu sein. Das neue Graun glich einem Durchfahrtsort, in dem keiner lange bleiben wollte. Das Gleiche galt für das Dorf Reschen. Jetzt, ganz langsam, nach fast 70 Jahren, wandeln sich die Orte. Die letzten lebenden Zeitzeugen haben heute eine Stimme. Sie sorgen dafür, dass das widerfahrene Unrecht nicht in Vergessenheit gerät. Heute erkennt man die Schönheit der Landschaft, und so wurden hübsche Hotels mit Seeblick gebaut. Es gibt ansprechende Gastronomie und die Freizeitsportler, darunter Wanderer und Radfahrer. Auch Kitesurfer entdecken den Reschensee für sich. Ganz langsam wandelt sich hoffentlich alles zum Guten.

Ein weiterer Lost Place

Ein Unglück kommt selten allein. Südlich des Ortes Graun steht direkt am Ufer des Reschensees ein Gedenkstein, der an ein weiteres schlimmes Ereignis am See erinnert. Am 13. August 1951 kam es zu einem schlimmen Busunglück. Auf der schlecht befestigten Straße stürzte ein Linienbus in den See, 22 Menschen, darunter fünf Kinder, das jüngste gerade einmal drei Jahre alt, starben im Wasser. Nur eine junge Frau überlebte den schweren Unfall. Die Schuld wurde den Betreibern des Energiekonzerns gegeben. Sie hatten die Straße nach der Flutung noch nicht wieder in einen sicheren und ordentlichen Zustand versetzt.

Seit vielen Jahren finden am Tartscher Bühel Grabungen statt und so hat man die rätischen Häuser gefunden.

4

DIE VERSUNKENE STADT

Tartscher Bühel

Aus der Talebene der Etsch erhebt sich der Tartscher Bühel unweit von Mals im Vinschgau. Es ist ein uralter Siedlungs- und Kultplatz mit magischer Anziehungskraft.

Tartscher Bühel **Ort** 39024 Tartsch **GPS** 46.679218, 10.557748 **Anfahrt** ÖPNV: Mit dem Zug nach Mals und weiter zu Fuß oder mit dem Bus nach Tartsch; Auto: Tartsch liegt südlich von Mals. Einige wenige Parkplätze gibt es in Tartsch hinter der Kirche oder am Friedhof. **Info** www.vinschgau.net und www. tartsch.it

HOCHMUT KOMMT VOR DEM FALL »Der Tartscher Bühel ist wohlbekannt, im Vinschgau im Tirolerland. Ein Städtchen war in alter Zeit allda voll Glanz und Sauberkeit.« So beginnen die Reimverse einer der bekanntesten Südtiroler Sagen und erzählen von längst vergangenen Zeiten, untergegangenen Städten und dem Hochmut der Bevölkerung. Denn ursprünglich soll auf dem Tartscher Bühel einst ein großes Städtchen gelegen haben. Die Bewohner waren vornehm und wohlhabend und es mangelte ihnen an nichts. Aber der Reichtum verdarb ihren Charakter und so begannen sie alsbald ein ausschweifendes Leben zu führen, waren eitel, gottlos und benahmen sich schlecht. So sollen sie an Fasching einem lebenden Ochsen die Haut abgezogen haben, um ihn anschließend mit Salz zu bestreuen und unter fürchterlichen Schmerzen durch die Gassen der Stadt getrieben haben. Derartige Quälereien konnten nicht ungestraft bleiben, und als der Ochse in seinem Todeskampf vor Schmerzen laut brüllte, begann die Luft zu vibrieren und die Erde zu beben. Und ehe man sich's versah, versank die ganze Stadt mit ihren Bewohnern in den Tiefen der Erde.

DER FUNKE WAHRHEIT Der Tartscher Bühel, auch Bichl genannt, ist eine der bedeutendsten Ausgrabungsstätten Südtirols. Archäologische Funde zeigen, dass der Hügel bereits weit vor den Römern besiedelt war. Neben Pfeilspitzen, Münzen und Schalensteinen sind die wertvollsten Stücke eine in rätischer Schrift gravierte Hirschhornspitze und ein keltisches Schwert aus der späten Latènezeit. Grabungen von 1999 legten außerdem die Ruinen rätischer Häuser frei. Man geht davon aus, dass bis zu 80 Häuser, also eine richtige Siedlung, auf dem Tartscher Bühel stand. Das würde zumindest die Sage über die verschwundene Stadt stützen. Die endet übrigens mit den Worten: »Wo stolz die Stadt in alter Zeit geglänzt, ist's öde weit und breit. Kein Denkmal gibt den Platz dir

Heute weiß man, dass der Tartscher Bühel schon lange vor der Zeitenwende besiedelt war.

kund, wo Haus an Haus einst fröhlich stund. Der Tartscher Hügel steht allein und mahnt: dein Herz sei niemals Stein!«

AUF DEN TARTSCHER BICHL Den Besuch des Tartscher Bühel kann man mit einer Wanderung aus den Städtchen Glurns oder Mals verbinden. Der schnellste Weg führt aus dem Dorf Tartsch hinauf auf den markanten Bichl, der sein Aussehen der letzten Eiszeit zu verdanken hat. Die Eismassen des Gletschers haben den gewaltigen Felsbrocken rund geschliffen und zu einer Landmarke gemacht. Deshalb ist die Aussicht auch einmalig schön und der Blick schweift über das ganze Obervinschgau mit den Dörfern Mals und seinen vielen Türmen, der von einer Stadtmauer vollständig umgebenen Stadt Glurns und dem leuchtend weißen Benediktinerkloster Marienberg. Über allem wachen der Ortler und viele weitere markante Berge. Der Tartscher Bühel selbst ist, genau wie in der Sage erzählt wird, ein äußerst karges Felsplateau. Die oberste Humusschicht ist nur hauchdünn, ein richtiger Magerrasen. Was auf den ersten Blick öde erscheint, bietet jedoch besonderen Pflanzen einen idealen Lebensraum. So wachsen hier Opuntien, Hauswurz und Küchenschellen. Der Bichlsteig führt in einem Bogen vorbei an den

↓ Das Hauskreuz ziert einen Bauernhof in Tartsch.
↘ Der Ortler bildet eine natürliche Grenze.

Ausgrabungen des Rätischen Hauses zu einem Picknickplatz unter Kiefern. Von dort ist es nur noch ein Katzensprung hinauf zur uralten Kirche St. Veit. Sie ist leider fast immer geschlossen, aber schon ihr Äußeres lässt das Alter erahnen. Umgeben von einer fast geschlossenen Mauer, wirkt das Kirchlein mit seinem romanischen Turm wie eine Burg. Man vermutet, dass sie auf einem heidnischen Kultplatz errichtet wurde. Kein Wunder, die herausstechende Lage des Bühels und die jahrtausendealte Besiedlungsgeschichte zeigen, dass bereits vor den Christen Siedler um die Besonderheit dieses einmaligen Ortes wussten.

Noch mehr Lost Places

In Südtirol gibt es noch mehr exponierte uralte Siedlungsstätten, so auch auf dem Vinschgauer Ganglegg bei Schluderns oder unweit von Auer auf dem Castelfeder im Südtiroler Unterland. Die Lage dieser prähistorischen Siedlungen waren stets gut gewählt. Immer etwas erhöht, aber doch in der Nähe von Wasserläufen. So war man vor Überschwemmungen sicher. Man konnte aber auch herannahende Feinde frühzeitig sehen und sich auch besser verteidigen (Infos: www.vinschgau.net und www.castelfeder.info).

Die Kirche St. Veit am Tartscher Bühel hat ein vorchristliches Heiligtum abgelöst.

5

DER EDLE NATURSTEIN UND SEINE WEGE

Laaser Marmor

Was haben Berlin, München und New York gemeinsam? Alle besitzen mindestens ein Denkmal oder ein Bauwerk aus Laaser Marmor.

Laas **Ort** Vinschgaustraße 52, 39023 Laas **GPS** 46.617807, 10.697418 **Anfahrt** ÖPNV: Mit der Vinschgaubahn von Meran nach Laas; Auto: Die Vinschgauerstraße SS38 führt direkt an Laas vorbei. Die Marmorbahn befindet sich südlich der Etsch. **Info** www.lasamarmo.it, www.laas.it

Die alte Schrägbahn zu den Marmorsteinbrüchen ist aufgelassen und rostet langsam vor sich hin.

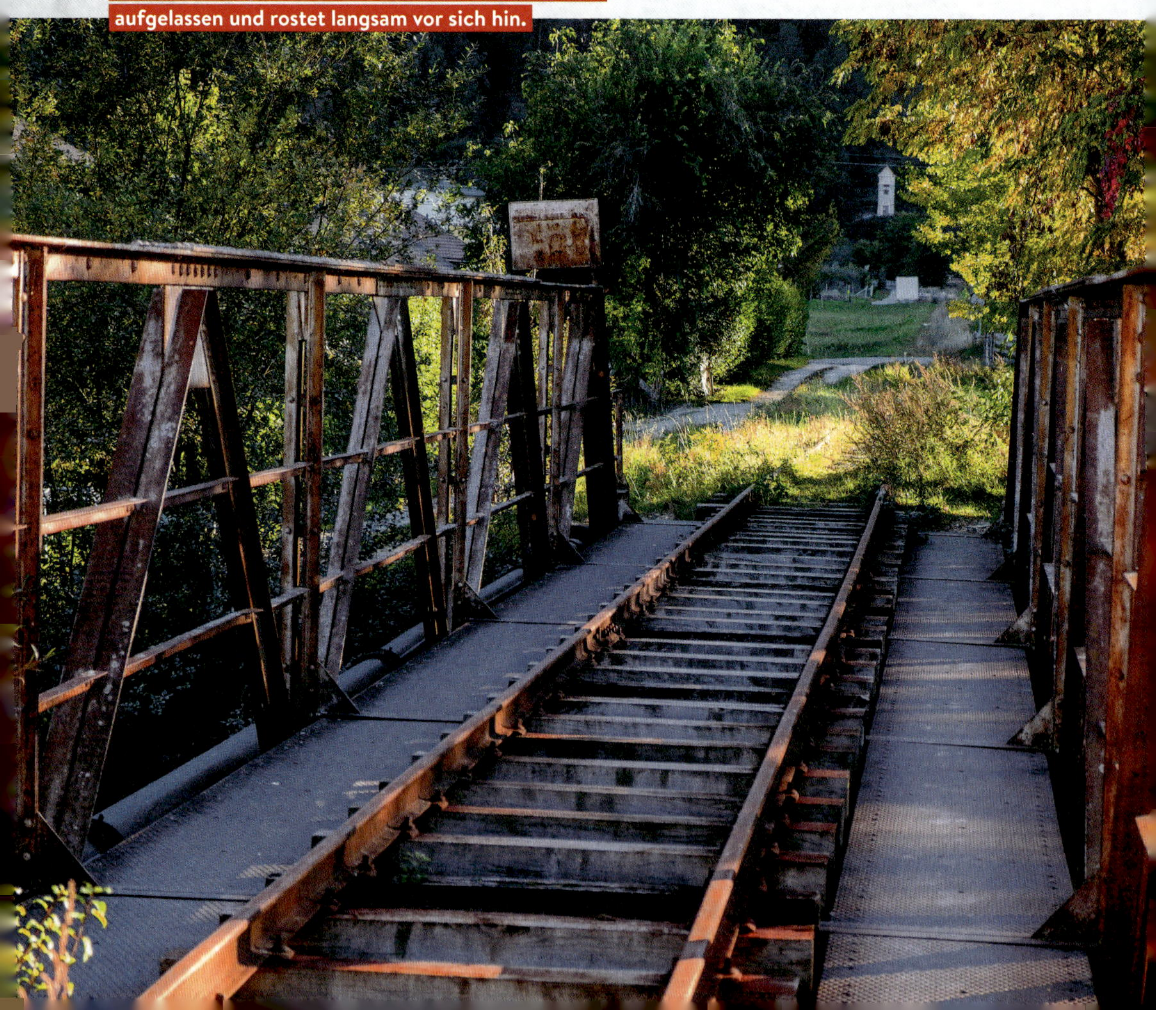

Das mit weißen Blöcken gefüllte Marmorlager im Tal wird immer noch genutzt.

LAASER MARMOR Carrara-Marmor kennt man, auch die vielen Billigimporte aus China, aber dass auch in Südtirol ein einzigartiger Marmor existiert, das wissen nur wenige. Aber was ist das Besondere an diesem Stein, den es in verschiedenen Sorten gibt? Zum einem, das gilt für alle Sorten, ist er absolut frostfest und überdies sehr beständig gegen Streusalz. Zum anderen sind die abgebauten Marmorblöcke ungewöhnlich gleichmäßig und besitzen keine makroskopischen Einschlüsse. Ein Bildhauer oder ein Steinmetz kann damit rechnen, dass der Block völlig homogen ist. Ein weiteres Qualitätsmerkmal ist die Farbe des Minerals. Am seltensten und damit am kostbarsten ist der absolut rein weiße und damit hochreflektierende Laaser »Statuario«, für den immerhin 15 000 Euro pro Kubikmeter bezahlt werden. Andere Sorten besitzen eine ganz leicht blaue, rötliche oder gelbliche Verfärbung durch eingeschlossene Mineralien, sie werden ihrer Homogenität wegen immer noch zu hohen Preisen verkauft.

DER ABBAU Das Marmorvorkommen bei Laas im Vinschgau war schon vor über 2000 Jahren bekannt. Der Stein tritt auf über 1500 Metern Meereshöhe an der Nordflanke der Ortlergruppe zutage. Sein Abbau begann zu römischer Zeit, wo er als unverwüstlicher Meilenstein zum Einsatz kam. Im 17. Jahrhundert erkannte man dann aber den enormen Wert des Steins, der es in seiner Reinheit, verewigt in unzählig vielen Denkmälern, durch ganz Europa schaffte. Bis zur Weltwirtschaftskriese 1929 hatte das Abbauvolumen seinen Höhepunkt erreicht. Heute werden in einem unterirdischen Steinbruch nur noch einzelne Blöcke abgebaut, allerdings haben sie ein Gewicht von bis zu 8000 Tonnen. Sie werden vor Ort zu Blöcken von etwa 15 Tonnen zersägt und dann zu Tal gebracht, wo sie vor allem zu Fußbodenplatten und Fliesen, aber auch zu Kunstgegenständen weiterverarbeitet werden.

TRANSPORTWEGE Es war schon immer schwierig, die großen Marmorblöcke, die hoch oben auf dem Berg in einem schwer zu-

Mit einem Portalkran wurden die Marmorblöcke bewegt.

gänglichen Gebiet, noch dazu zum Teil unterirdisch gebrochen wurden, ins Tal zu befördern. Viele Jahrhunderte verwendete man dazu Ochsenkarren oder bremste sie mithilfe von Schleifbäumen, Schlitten und Seilen auf ihrem Weg ins Tal ab. Mit der Technisierung wurde es zwar etwas einfacher, aber nur bedingt, denn mittlerweile befanden sich die zwei Abbaugebiete, der Weißwasserbruch und der Göflaner Mitterwandbruch, in einer Naturschutzzone.

MARMORBAHN 1930 wurde deswegen die Laaser Marmorbahn gebaut, eine Schmalspurbahn mit einem spektakulären Schrägaufzug, ein Bremsberg, der dafür zuständig war, die Marmorblöcke sicher ins Tal abzubremsen. Bis man jedoch den Schrägaufzug erreichen konnte, mussten die Blöcke des Göflaner Steinbruchs zunächst über die Marmorstraße zur Bahn transportiert werden. Diese Verkehrswege am Berg waren aufwendig, nicht nur für den Bau, der stellenweise durch Tunnel führte, sondern auch für deren Erhalt. Vom Weißwasserbruch hingegen wurden die Blöcke mit einem Seilkran über eine Länge von 475 Metern schwebend zunächst zur Marmorbahn befördert. Die brachte die Blöcke zur Schrägbahn und dann ging es steil bergab ins Tal, wo die Steinkolosse auf Schienen über die Etschbrücke direkt in das Marmorwerk gefahren wurden. Das Ganze vollautomatisch, eine technische Sensation.

DAS ENDE DER STRECKE Aus naturschutzrechtlichen Gründen kam zunächst der weitere Ausbau der Transportwege nicht infrage, denn das Abbaugebiet liegt im Nationalpark Stilfserjoch, und die Bahn war die schonendste Transportmöglichkeit. Dann wechselten die Eigentümer der Bahn, und schließlich wurde 2019 der Betrieb eingestellt. Man munkelte, aus sicherheitstechnischen Gründen. Aber wahrscheinlich ist der Abtransport mittels Lkw kostengünstiger, denn noch immer wird der Marmor am Berg abgebaut, obwohl sich Naturschützer sowie die Besitzer der Laasa Marmo uneins darüber sind. Die Marmorbahn ist aber definitiv stillgelegt. Heute versperrt ein großes Holzlager den Weg, Gras überwuchert die Schienen, die hölzerne Plattform bricht langsam durch und das technische Meisterwerk rostet still vor sich hin. Zumindest wurde ein Wanderweg angelegt, mit dem man das Industriedenkmal samt einiger Informationstafeln besuchen kann.

Die Gleisanlagen sind für Besucher abgesperrt.

Das besondere Erlebnis

Von April bis Oktober gibt es dreimal die Woche eine spannende Marmorführung in Laas. (www.marmorfuehrung.com). Dabei erfährt man noch viel mehr über den besonderen Vinschger Naturstein. Aber allein der Spaziergang durch die Laaser Ortsmitte versetzt einen ins Staunen, denn hier sind sogar die Pflastersteine aus hellem Marmor. Kulinarisch sollte man sich das Gasthaus zur Krone am Hauptplatz nicht entgehen lassen: beste Südtiroler Küche, die für den perfekten Ausklang eines Besuches in Laas sorgt.

↓ Langsam aber stetig werden die Gleisanlagen überwuchert.

↘ Am großen Portalkran beginnen die spannenden Führungen.

Die Außenmauern der Burg Obermonatani mit ihren Schwalbenschwanzzinnen sind noch erhalten.

6

WIE SCHNELL MAN EINE BURG ZERSTÖREN KANN

Unter- und Obermontani

Direkt am Eingang zum Martelltal stehen die Reste der Burgen Unter- und Obermontani auf einem Moränenhügel neben dem Plimabach.

Burg Obermontani **Ort** Burgweg, Morter, 39021 Latsch **GPS** 46.600831, 10.827695 **Anfahrt** ÖPNV: Mit dem Zug nach Latsch im Vinschgau, weiter mit dem Bus nach Morter, zur Burg und der Kapelle gelangt man nur mit einer kurzen Wanderung (20 Minuten); Auto: Nach Morter im Vinschgau, danach weiter zu Fuß **Info** www.latsch.it oder www.stiegenzumhimmel.it

RANDNOTIZEN DER GESCHICHTE
Albert III. Graf von Tirol war nervös geworden. Die Bischöfe von Chur erweiterten systematisch ihren Einflussbereich, er musste um sein Land im oberen Vinschgau bangen. So ließ er in der ersten Hälfte des 13. Jahrhunderts gleich zwei Burgen bauen: Lichtenberg bei Prad und Obermontani am Eingang zum Martelltal. Der Grund von Obermontani gehörte zwar den Churer Bischöfen, doch das störte den Grafen zunächst nicht. Erst als diese mit Krieg drohten, zog er einen Kompromiss vor. Ein Vertrag bestimmte, dass er die neue Burg als Lehen behalten durfte. Dafür musste er die Bischöfe als Lehensgeber anerkennen und ihnen obendrein seine Burg Steinberg im Unterengadin übereignen.
100 Jahre später hatten sich die Machtverhältnisse verändert, sein Enkel Meinhard II. ignorierte den Vertrag, damit war Obermontani endgültig im Tiroler Besitz.

LANGE JAHRE BESTAND UND DANN REICHT EINE GENERATION Die Burg Obermontani wurde zunächst an verschiedene Familien als Lehen vergeben. 1382 war die Familie des Mattheis von Montani erblicher Lehensnehmer. Später bauten sie Obermontani im Stil der Renaissance um und behielten es bis zum Aussterben der Familie 1641 in ihrem Besitz. Der nächste Lehensnehmer war Maximilian Freiherr von Mohr, dessen Familie in den Grafenstand erhoben wurde. Auch sie kümmerten sich sorgsam um die Burg und erhielten sie in vorbildlichem Zustand. 1833 starb Graf Josef, der letzte männliche Nachkomme der Familie Mohr. Seine Erben versteigerten den gesamten Besitz, sogar die wertvolle Bibliothek wurde verschleudert. Im letzten Augenblick konnte der Benediktiner und Historiker Beda Weber eine wertvolle Handschrift des Nibelungenlieds retten, die seither in der Berliner

↓ ↘ Die Mauerreste von Untermontani ragen gespenstisch in den Himmel.

Die Zugänge zur Ruine Obermontani sind mit einem massiven Gitter verschlossen, um Vandalismus zu verhindern.

Staatsbibliothek liegt. Innerhalb weniger Jahre wurde Obermontani zur Ruine. Der wuchtige Bergfried mit seinem Zinnenkranz steht noch, aber man sieht, wo die Mauern bröckeln und große Teile verfallen sind. Die Burg lässt sich nur von außen besichtigen, zu groß ist die Einsturzgefahr. Trotzdem lohnt sich der Besuch, den man mit einer Wanderung sowohl zur Stephanuskapelle als auch zur Burg Untermontani verbinden kann.

DIE ZWEITE BURG Die zweite Burg, Untermontani, ist etwa 100 Jahre früher als Obermontani entstanden. Auch sie sollte den Weg in das Martelltal kontrollieren. Ab 1618 hatten beide Burgen die gleichen Besitzer, allerdings war Untermontani schon im 18. Jahrhundert nicht mehr bewohnbar. Die Burg steht auf Moränenuntergrund und wird vom Plimabach unterspült. Nachdem schon ein Teil des Palas eingestürzt war, brach 1945 die westliche Seite des Bergfrieds zusammen. Ein Teil der 12 Meter langen Ostmauer mit den Schwalbenschwanzzinnen und der dicke Torbau lassen erahnen, dass Angreifer diese Burg ernstzunehmen hatten.

Das besondere Erlebnis

Die Stephanskapelle unterhalb der Burg Obermontani ist romanisch. Sie wurde im 15. Jahrhundert erneuert und dabei mit Fresken geschmückt. Diese spätgotischen Fresken sind ungewöhnlich gut erhalten und ein echter Kunstschatz. Die Bilder stammen von verschiedenen Malern und zeigen Szenen aus dem Neuen Testament und dem Leben bedeutender Heiliger. Man vermutet, dass die Stephanskapelle unabhängig von der Burg entstanden ist, denn auf Obermontani gibt es innerhalb der Mauern ebenfalls Reste einer Kapelle. (Öffnungszeiten: Freitag und Samstag 14:30–17:30 Uhr)

7

MONSTRÖSES UNGETÜM IM NATIONALPARK

Hotel Paradiso

Einst ein Luxushotel direkt am Fuß des Cevedale – heute einer der bekanntesten Lost Places von Südtirol.

Hotel Paradiso **Ort** Hintermartell, 39020 Martell **GPS** 46.486179, 10.688111
Anfahrt ÖPNV: Mit dem Zug nach Latsch im Vinschgau, weiter mit dem Bus ins Martelltal bis zum Talschluss, zum Hotel gelangt man nur mit einer kurzen Wanderung (20 Minuten); Auto: Ins Martelltal fahren bis zum Talschluss, danach weiter zu Fuß **Info** www.vinschgau.net

Das einstige Luxushotel Paradiso liegt im Nationalpark Stilfser Joch.

WIE EINE FILMKULISSE Etwas versteckt, hinter großen Lärchen, Tannen und Zirben, liegt auf 2160 Metern Höhe am Ende des schönen Martelltals die Ruine des ehemaligen Luxushotels Paradiso. Umgeben von den mächtigen 3000ern der Cevedalegruppe wurde das monumentale Hotel einst an einem wirklich magischen Platz errichtet. Die leicht geschwungene Fassade, das Pultdach, eine sonnige Terrasse, fünf Stockwerke, schlichte Balkone und klassische, gerade Formen haben so gar nichts mit dem bäuerlichen Stil im Martelltal gemein. Fast könnte man meinen, das Hotel sei modern. Aber beim Näherkommen erkennt man, wie die rote Farbe an den Mauern abblättert, Balkone eingestürzt und die untersten Türen und Fenster mit Holzbrettern vernagelt und verschlossen sind. Trotzdem, oder vielleicht gerade deswegen, verströmt die Ruine etwas Mystisches und wirkt gleichzeitig wie einem Hitchcock Film entsprungen.

VON DER LUST UND DEM LUXUS AM BERG Erbaut wurde das Hotel Paradiso von 1933 bis 1935 von einer Aktiengesellschaft unter Oberst Emilio Penatti. Die Pläne für das Hotel entwarf der Mailänder Stararchitekt Gio Ponti, der unter anderem das Pirelli-Hochhaus gebaut hatte. Während heute die Ruine rostrot ist, war das Hotel anfangs grün gestrichen. Auch im Inneren hatte sich der Architekt ein ganz besonderes Farbkonzept ausgedacht. Der Stil des Hauses war aber so gar nicht nach dem Geschmack der Bewohner des Martelltals. Sie bezeichneten das Hotel mit der geschwungenen Fassade als eine Garage, »Schupf« (Garage). Aber mit 250 Betten, Post- und Telegrafenamt im Haus, eigener Metzgerei und Konditor, Friseur, Skilehrer und vielen Gemeinschaftsräumen wie einen Lesesaal, Empfangshalle, Bars und Speiseräumen war das Luxushotel sicherlich alles andere als eine Garage. Offi-

Wer sich dem Haus nähert, muss sich vor herabfallenden Ziegeln in Acht nehmen.

Der Plimabach hat sich eine dramatische Schlucht gegraben.

ziell hieß das Hotel: »Albergo Sportivo Valmartello al Paradiso del Cevedale« und zielte auf eine gut betuchte, sportlich orientierte Klientel ab.

NUR ZEHN JAHRE Die Blütezeit des Hotel Paradiso im Martelltal dauerte keine zehn Jahre. Mit dem Ausbruch des Zweiten Weltkriegs kam schon der erste herbe Schlag. Zwischenzeitlich wurde das Hotel 1943 von der deutschen Wehrmacht besetzt, die es als Erholungsheim für deutsche Soldaten nutzte. 1952 wechselte es die Farbe und wurde rot gestrichen, nachdem es an den venezianischen Reeder Benati verkauft wurde. Er erweiterte das Hotel, aber es kam nicht mehr zu einer Wiedereröffnung. Seitdem stehen die Räumlichkeiten leer. Im Jahr 1966 wechselte noch einmal der Besitzer: Die Südtiroler Brauereifamilie Fuchs, die hinter der großen Forstbrauerei steckt, erwarb das Hotel Paradiso, das seitdem weiter verfällt und nur noch von außen besichtigt werden kann.

Das besondere Erlebnis

Den Besuch des Hotels Paradiso kann man mit einer Wanderung auf dem Plima-Schluchtenweg verbinden. Entlang des Plimabaches wurde ein sensationeller, spannender Themen-Wanderweg angelegt mit vielen Höhepunkten, wie den über die Schlucht hinausragenden Aussichtskanzeln oder der Hängebrücke. Ein bisschen Schwindelfreiheit ist erforderlich, aber schöner kann Wandern am Wasser kaum sein.

↑ Von Weitem sieht das Hotel Paradies noch fast intakt aus.

↗ Aussichtskanzeln lassen tief in die Plimaschlucht schauen.

Nähert man sich dem Hotel, so wird der dramatische Verfall erst richtig sichtbar.

Vor der Kirchenruine St. Laurentius wächst Wein auf dem Laurentiacker.

8

LAURENTIUS-TRÄNEN UND EINE ALTE KIRCHE

Kirchenruine St. Laurentius

An der einst wichtigsten Verkehrsader des Vinschgaus steht die alte Kirchenruine. Heute kaum zu finden und dennoch eines der ältesten Gotteshäuser des Landes.

Kirchenruine St. Laurentius **Ort** Via dell'Argine bei Tschirland, 39025 Naturns **GPS** 46.645999, 10.979081 **Anfahrt** ÖPNV: Mit dem Zug nach Staben und zu Fuß weiter Richtung Osten; Auto: Nach Naturns, dort auf die Südseite der Etsch und über die Via dell'Argine Richtung Staben fahren **Info** www.merano-suedtirol.it

GEWUSST WO – UND DANN GEFUNDEN

Man muss schon von der großen Vinschgauer Straße abfahren und einen der kleinen Güterwege zwischen Tschirland und Staben wählen, um die Kirchenruine St. Laurentius zu finden. Sie liegt wirklich abseits, aber direkt an der Nebenstraße, die jedoch meist nur von Landwirten und Einheimischen genutzt wird. Über das Kirchlein gibt es nicht besonders viele Aufzeichnungen. Zusammen mit den Resten des danebenstehenden Wohnhauses wird es auf ca. 1200 datiert. Wahrscheinlich ist es jedoch deutlich älter.

MARTYRIUM DES HEILIGEN LAURENTIUS

Der Heilige Laurentius, der Patron der Kirche, war einer der ersten Märtyrer von Rom. Er lebte zwischen 225 und 258 n. Chr. Man geht davon aus, dass er aus Laurentum stammte, ein Ort südwestlich von Rom, von dem der Heilige seinen Namen hatte. Er war als Diakon unter Papst Sixtus II. Verwalter des Kirchenvermögens. Als Kaiser Valerian den Papst enthaupten ließ und Laurentius aufforderte, die Schätze der Kirche herauszugeben, weigerte er sich. Stattdessen verschenkte er das ganze Vermögen an Arme und Bedürftige und präsentierte sich selbst mit diesen armen und kranken Menschen als der eigentliche Schatz der Kirche. Dafür wurde er gefangen genommen und schließlich nach einer Folter auf einem glühenden Eisenrost hingerichtet. Schon in der Frühzeit des Christentums wurde Laurentius als Heiliger verehrt, mit seinem Attribut, einem Eisenrost, ist er in vielen Kirchen in Europa, aber auch in Stadtwappen verewigt. Der Heilige Laurentius ist Schutzpatron der Köche, Bäcker und Brauer, alles Berufsgruppen, die

↓ Aus altem Holz wurde das Kreuz über dem modernen Altar gestaltet.

↘ Durch den romanischen Rundbogen am Eingang schaut man auf die alte Apsis.

Die Kirchendecke ist schon lange eingestürzt,
aber der Südtiroler Himmel bildet das schönste Gewölbe.

mit offenem und damit gefährlichem Feuer zu tun hatten.

VIA CLAUDIA AUGUSTA Gleichzeitig war Laurentius aber auch Patron der römischen Legionäre und so geht man davon aus, dass an der Kirche einst eine Römerstraße entlangführte. Die Kirche stand an einer damals wichtigen Straßenkreuzung zwischen der von Ost nach West führenden Via Claudia Augusta, die über Meran und den Reschenpass bis ins bayerische Augsburg führte, und der alten Verbindung zwischen dem Ultental und dem Schnalstal. Mit Sicherheit handelte es sich bei der Kirche St. Laurentius um eines der ersten christlichen Bauwerke im Vinschgauer Raum. Die Kirche war aber bereits im 17. Jahrhundert in einem ruinösen Zustand. Das Dach und einige Seitenwände fehlen fast gänzlich. Aber heute sind die Überreste dank der großen Hilfe des Heimatpflegevereins gut konserviert. Es gibt sogar wieder einen Lorenziacker vor der Kirche, auf dem nach alter Tradition Getreide angebaut wird.

ROMANTISCHER REST Wer die Ruine besucht, erkennt deutlich den romanischen Chor und das kleine Langhaus. Auf dem neu hinzugefügten Altar stehen sogar manchmal Blumen und vielleicht sorgt gerade das fehlende Dach für die wunderbare Aura dieses Lost Place. Nur überspannt vom weiten Blau des Südtiroler Himmels, weitab von der lärmenden Straße, ist es ein herrlicher Platz. Und wer sich für den Besuch die Zeit um den 10. August aussucht, das Patrozinium des Heiligen Laurentius, und es schafft, bis zum Abend zu warten, der wird vielleicht mit einem Sternschnuppenregen belohnt. Die »Laurentius-Tränen«, die auch als Sinnbild für das verschenkte Kirchenvermögen gelten, sorgen für unvergessliche Momente und verwandeln einen Lost Place in einen Glücksplatz.

Das besondere Erlebnis

Im nahen Naturns gehört unbedingt auch die uralte St.-Prokulus-Kirche besichtigt. Die Kirche stammt aus dem 7. Jahrhundert und beherbergt Fresken aus dem frühen Mittelalter. Am bekanntesten ist die Darstellung des Heiligen Prokulus, die ihn auf seiner Flucht aus Verona zeigt. Sie zeigt, wie er über die Stadtmauer abgeseilt wird. Dabei sitzt er auf einem Brett, das wie eine Schaukel von zwei Seilen gehalten wird.

Der hl. Prokulus in Naturns schaukelt nicht, er wird über Veronas Stadtmauer abgeseilt.

9

MEMENTO MORI, DER TOTENTANZZYKLUS

Ein letzter Tanz in Plaus

»Laich isch Laich, isch olm lai Laich – pann huamgian saimr olle glaich.« – »Leiche ist Leiche, ist immer nur eine Leiche – beim Heimgehen sind wir alle gleich.«

Plaus im Vinschgau **Ort** Dorfstraße 3, 39025 Plaus **GPS** 46.655692, 11.042065
Anfahrt ÖPNV: Mit dem Vinschgauer Zug nach Plaus; Auto: Plaus liegt im Vinschgau zwischen Naturns und Rabland südlich der Etsch. **Info** www.merano-suedtirol.it

Gestaltet wurde die neue Kirche vom Naturnser Architekten Dr. Erwin Gerstgrasser.

MEMENTO MORI Plaus liegt am Beginn des Vinschgaus zwischen Naturns und Partschins. Dort findet man an der Friedhofsmauer 18 Gemälde eines Totentanzes. Alle sind in Vinschger Mundart beschrieben. Der *Danse Macabre* ist ein Kunstwerk zum Nachdenken und gleichzeitig ein *Memento mori*, um an die eigene Sterblichkeit zu erinnern. Die ersten Darstellungen dieser Art wurden im 14. Jahrhundert in Frankreich gemalt. Es sind allegorische Bilder, die zeigen, dass Leben und Tod unweigerlich zusammengehören und schlussendlich jeden treffen. Egal aus welcher Gesellschaftsschicht man stammt, welches Alter oder Geschlecht man hat, keiner kann dem Tod entkommen. Da ist die Vorstellung, dass uns selbst einmal der Tod zu einem letzten Tanz auffordern wird, fast schon tröstlich.

PLAUS UND SEIN MODERNER TOTENTANZ In Plaus gab es einen uralten Totentanzzyklus. Er war bereits verwittert und nicht mehr zu restaurieren. So beauftrage man den Künstler Luis Stecher, einen neuen Tanz zu malen. In ihm sind einige Vinschgauer Besonderheiten zu finden. Harley-Davidson-Fahrer, die gern auf der unfallträchtigen »Plauser Geraden«, dem ersten schnurgeraden Straßenstück hinter Partschins, zum Überholen ansetzten, werden vom Tod ausgebremst. Verewigt sind Persönlichkeiten, wie der (noch lebende) Politiker Arnold

Die seltene Patronin ist die Heilige Monika, hier auf einer Glastafel dargestellt, die Kinder entworfen haben.

Man muss sich Zeit nehmen, um anhand von Details den künstlerischen Gedanken zu erfassen.

Schuler, der aus einer Plauser Obstbauernfamilie stammt und im Südtiroler Landtag sitzt, oder der Maler Alois Kuperion, der als Wandermaler durch Südtirol umherstreifte und 1966 verarmt starb, genauso wie der Bischof Wilhelm Egger. Bei Stecher sterben aber auch die Lärchen, und selbst die Ochsen auf dem Malser Gollimarkt, einem Viehmarkt, der jedes Jahr am 16. Oktober stattfindet, werden nicht verschont. Dagegen erzählt das Schlussbild von einer herrlichen Auferstehung: »Enterprugg entn wearn miar verschtian – do wearn inz wia Kindr di Augn aufgian. – Hinter der Brücke drüben werden wir verstehen, da werden uns wie Kindern die Augen aufgehen.« Der geflügelte Tod weist den Weg über die Regenbogenbrücke und verspricht einen Platz im Himmel.

Vieles erklärt sich, für einiges braucht man Hintergrundwissen über Vinschgauer Besonderheiten, wie die Karrner, ein fahrendes Volk.

Das besondere Erlebnis

In Plaus gibt es noch eine Besonderheit. 2017 wurde am Gedenktag der Heiligen Monika eine neue Kirche geweiht. Als neue moderne Wallfahrtskirche wurde sie direkt neben der alten und zu klein gewordenen Ulrichskirche errichtet. Das alleine schon bildet einen interessanten Kontrast. Die Architektur der neuen Kirche ist durch ihre Schlichtheit besonders eindrucksvoll. Beim Eintreten schreitet man durch ein überdimensionales weißes Kreuz aus Laaser Marmor. Im Altarraum wiederholt sich das Sinnbild des Regenbogens in einem farbigen Kreuz, über dem sich der blaue Südtiroler Himmel in einer goldenen Kuppel öffnet. Ein echter Lichtblick!

Bad Egart ist das älteste Bauernbad Südtirols und heute eine Fundgrube an Kuriositäten.

10

MUSEUMS-KURIOSITÄTEN UND BESTER GUGLHUPF

Bad Egart

In Töll, am Beginn des Vinschgaus, liegt Bad Egart direkt neben der Vinschgaubahn. Drei Quellen liefern bestes Wasser, das angeschlossene Museum ist ein kurioser Ort.

Bad Egart **Ort** Bahnhofstraße 17, 39020 Partschins **GPS** 46.671802, 11.080510 **Anfahrt** ÖPNV: Bad Egart liegt direkt am Bahnhof Töll; Auto: Auf der Staatsstraße SS38 von Meran Richtung Reschenpass, gleich am Beginn des Vinschgaus links der Beschilderung nach Bad Egart über die ampelgeregelte Einbahnstraße folgen **Info** www.merano-suedtirol.it und www.bad-egart.com

SAMMELLEIDENSCHAFT Bad Egart ist mit seinem Badhaus, der Kapelle, dem K.u.K. Museum sowie der alten Bahnstation samt Wasserkran und Museum ein wirklich besonderer und gleichzeitig seltsamer Platz in Südtirol. Das einstige Heilbad ist heute vor allem ein riesiges Sammelsurium an Exponaten aus der Kaiserzeit, reich an Kitsch, Kuriositäten, echten Antiquitäten und einigen lustigen Kunstwerken. Der gesamte Komplex ist privat und gehört dem Südtiroler Karl Platino, der »Onkel Taa« genannt wird. Er ist nicht nur stolzer Besitzer des geschichtsträchtigen Heilbads, sondern auch Künstler und leidenschaftlicher Sammler. Er hat die weltweit größte private Sammlung an Gegenständen der Habsburger-Dynastie zusammengetragen. Das vollgestopfte Museum ist gleichzeitig ein Heimatmuseum mit vielen interessanten bäuerlichen Exponaten aus der Umgebung. Dort gibt es unglaublich viel zu entdecken und »Onkel Taa« kann immer

Es gibt unendlich viel zu schauen, sogar in den Bäumen verstecken sich Gegenstände.

Geschichten zu jedem einzelnen Gegenstand erzählen.

BAD EGART Das Besondere an Bad Egart sind jedoch seine drei Quellen. Eine ca. 12 Grad warme Schwefelquelle, die im Haus liegt und als Heilwasser zum Baden benutzt

↓ Der Gastgarten vom Restaurant »Onkel Taa« ist malerisch und schattig ...

↘ ... und voller Schönheit.

Am Bahnhof geht die kunterbunte Ausstellung mit Skulpturen weiter.

wurde, eine Eisenquelle und eine Mineralquelle, die offiziell anerkannt als Mineralwasser ausgeschenkt werden darf. Das gesunde Wasser war bereits den Römern bekannt, verlief doch die Via Claudia Augusta in unmittelbarer Nähe. 1430 wurden die Heilquellen das erste Mal urkundlich erwähnt und so gilt das Bad als ältestes Bad Südtirols. 1730 ließ der damalige Besitzer Josef Wolf zu Wolfenthal zu Spauregg und Gaudetenturm das Badhaus und die Kapelle, die der »Lieben Frau Maria« geweiht wurde, erbauen. Was einst als Bauernbad begann, änderte sich 1906, als die Bahn gebaut wurde. Nun war das Bad leicht erreichbar und die gesunde Wirkung des Wassers, die für Trink- und Badekuren verwendet wurde, sprach sich rasch herum. Bald reisten königliche Häupter an, darunter Kaiserin Sisi und viele andere Adelige. 1956 wurde die Quelle aufgegeben, bis einige Jahre später »Onkel Taa« den ganzen Komplex kaufte. Jetzt sind die Quellen nicht mehr frei zugänglich, nur

↓ Im nahen Partschins liegen die nächsten Lost Places am Sagenweg.

↘ Kapelle von Bad Egart

Mehrere Quellen spenden das gute Wasser, das direkt im Gastgarten fließt.

am Eingangsbereich des Hauses tröpfelt noch ein wenig Wasser in einen Brunnen. Wer heute Bad Egart, das einem grünen Dschungel gleicht, besucht, kann sich kaum vorstellen, wie es hier früher wohl gewesen sein muss, als noble Herren und Damen aus aller Welt anreisten. Man ist fast erschlagen von den abertausenden von Gegenständen, die der Sammler zusammengetragen hat und die sich auch überall im Außenbereich befinden. Ein verwunschener und gleichzeitig sehr surrealer Ort.

WILDES DURCHEINANDER So gibt es viel zu entdecken. Der Außenbereich und die Kapelle sind frei zugänglich und es macht wirklich Spaß, diesen Ort zu erkunden. Dann lässt sich natürlich noch das Museum besuchen, eine echte Schatzkammer und damit ein »Muss« für Liebhaber von Antiquitäten. Und bei der großen Sammelwut sollte man sich für die vielen Stücke auch unbedingt Zeit nehmen. Dem Museum angeschlossen ist das historische Restaurant »Onkel Taa«, das von der Tochter des Besitzers geführt wird. Es ist nicht nur bekannt für seine Nachspeise, den königlichen Gugelhupf mit kandierten Früchten, sondern auch für seine exzellente Bio-Kräuterküche und als weiteres Kuriosum für seine delikaten Weinbergschnecken, die hier übrigens ebenfalls hausintern gezüchtet werden.

Mehr Lost Places

Im nahen Partschins gibt es den geheimnisvollen Sagenweg. Die Rundwanderung führt dabei über einen Waalweg zu einigen vorchristlichen Kult- und Siedlungsplätzen, darunter Schalensteine, Hexenhöhle, Teufelsplatte oder der riesige Saltenstein. Alles Plätze längst vergangener Zeiten und voller Geschichten. Wer möchte, kann die Wanderung mit dem Besuch des Partschinser Wasserfalls verbinden.

Die Burg Schenna macht immer noch den Eindruck eines mittelalterlichen Wehrbaus (Kapitel 11).

MERAN UND UMGEBUNG

11

HOFERS LETZTER GANG – HEUTE GEDENKSTÄTTE

Pfandler Alm

Der aus dem Passeiertal stammende Wirt Andreas Hofer ist als Freiheitskämpfer in die Geschichte Südtirols eingegangen. Auf der Pfandler Alm wurde er verraten.

Pfandler Alm **Ort** Parkplatz Pfandler Alm bei 39010 St. Martin in Passeier **GPS** 46.775047, 11.242951 **Anfahrt** ÖPNV: Mit dem Zug nach Meran, weiter mit dem Bus ins Passeiertal bis St. Martin, von dort langer Aufstieg zu Fuß; Auto: In St. Martin in Passeier Beschilderung zur Pfandler Alm bis zum letzten Parkplatz am Berg folgen **Info** Geöffnet Mai–Oktober täglich außer Freitag, www.merano-suedtirol.it

Der Heuschober neben der Pfandler Alm, in der Andreas Hofer festgenommen wurde

DER HELD Andreas Hofer gilt als Südtiroler Nationalheld. Und unzählige Denkmäler, Gemälde, Romane, Theaterstücke und Lieder erinnern an ihn. Seine Vaterlandsliebe, der Wunsch nach Gerechtigkeit und auch seine Tapferkeit werden aber auch kritisch gesehen. Die Verehrung gipfelt in allerlei Souvenirartikeln: Biersorten, Aschenbecher, Tassen, T-Shirts oder Bettwäsche – den bärtigen Tiroler Freiheitskämpfer mit dem dunklen Hut kennt einfach jeder.

VIEL ZU KURZER LEBENSLAUF Andreas Hofer wurde am 22.11.1767 am Sandhof im Passeiertal geboren. Im Alter von gerade einmal drei Jahren starb seine Mutter und vier Jahre später auch sein Vater. Mit der Stiefmutter, die der Vater zwischenzeitlich geheiratet hatte, verstand sich Andreas nicht gut. So verließ er nach seiner Schulzeit, in der er lesen und schreiben lernte, sein Zuhause. Er ging auf Wanderschaft und wahrscheinlich, so vermutet man, kam er dabei ins Trentino, wo er etwas Italienisch lernte. Später übernahm er das elterliche Wirtshaus und bewies viel Geschick im Handel mit Wein und Vieh. Hofer galt als gerecht, tapfer, gottestreu und war überall sehr beliebt. So wurde er als Abgeordneter in den Tiroler Landtag gewählt. Als 1805 das Land Tirol aus Kriegsgründen an das mit Napoleon verbündete Bayern abgetreten wurde, kam es zu Eingriffen in das alltägliche Leben der Tiroler. Die Reformen in der Kultur und Religion führten zu Widerständen und gipfelten durch die Zwangsrekrutierung der Tiroler für das Bayerische Heer am 9. April 1809 in einer Revolte in der Tiroler Hauptstadt Innsbruck. Angeführt von Andreas Hofer, errangen die Tiroler insgesamt drei Siege gegen die bayerisch-französischen Truppen. Ein Friedensschluss wurde nicht akzeptiert, und so kam es im November erneut zu einem Kampf am Berg Isel, der jedoch von den Tirolern verloren wurde. Hofer flüchtet ins Passeiertal und versteckte sich oben am Berg auf der Pfandler Alm. Kurz darauf verriet Franz Raffl, den man spater als den »Judas Tirols« bezeichnete, sein Versteck. Hofer wurde auf der Pfandler Alm gefangen genommen und nach Mantua gebracht, wo er nach einem kurzen Schauprozess am 20. Februar 1810 erschossen wurde. Begraben ist er in Innsbruck.

LETZTE ZUFLUCHT PFANDLERALM Schon 70 Jahre nach dem Tod Andreas Hofers wurde eine Gedenktafel an der Pfandler Alm angebracht. Die Originalhütte brannte 1919 ab, aber eine neue wurde an gleicher Stelle errichtet und ist heute ein Hofer-Gedenkplatz. Erreichbar ist die Alm ab dem obersten Parkplatz mit einer 35-Minuten-Wanderung entlang eines Themenwegs, der den letzten Gang des Freiheitskämpfers beleuchtet. Aus dem Tal bei St. Martin in Passeier dauert der Aufstieg gut 2,5 Stunden. Neben der kleinen Hütte, in der Hofer gefangen genommen wurde, lockt die eigentliche Pfandler Alm als Berggasthof mit einer zünftigen Einkehr.

Ein Gedenkstein erinnert an die Festnahme von Andreas Hofer 1810.

Gefundene Lichtblicke

Im Passeier Tal liegt neben dem Geburtshaus von Andreas Hofer beim Sandwirt das Museum Passeier. Es erzählt viel über die Geschichte des Tales und beleuchtet den Freiheitskämpfer Andreas Hofer als Person und wie er zum Helden gemacht wurde. Im ersten Stock des Museums dreht sich in einer eigenen Ausstellung alles um die Frage, wer und was Helden sind und wie sie sich im Lauf der Zeit wandeln. Eine sehr interessante Ausstellung, die unser Weltbild und unsere Vorstellung von Helden wieder ins rechte Licht rückt. Auch im Freigelände gibt es einiges zu sehen, dort wurde ein für das Passeiertal typischer, historischer Haufenhof mit all seinen Nebengebäuden wieder aufgebaut. Zum Abschluss geht es in den historischen Sandwirt, in dem man übrigens sehr gut einkehren kann.

Mausoleum und Pfarrkirche Mariä Himmelfahrt von Schenna in Wolken

12

VON EINER LIEBE AUF UMWEGEN

Schenna und sein Mausoleum

Ein richtiger Lost Place ist das Mausoleum von Schenna nicht, eigentlich fast das Gegenteil, denn manchmal siegt auch in der Geschichte einzig und allein die Liebe.

Schenna **Ort** Friedhof, 39017 Schenna **GPS** 46.69002, 11.18577
Anfahrt ÖPNV: Mit dem Zug nach Meran und dann weiter mit dem Bus 231 nach Schenna; Auto: Von Meran über die Schennastraße: mehrere Parkplätze (mit Gebühr)
Info www.schenna.com und www.schloss-schenna.com

DIE GRABKAPELLE Fährt man von Meran aus auf Schenna zu, so fallen drei große Bauten auf, die das Dorf überragen. Das ist zum einen die Pfarrkirche Mariä Himmelfahrt mit ihrem massiven Satteltturm. Dahinter ragt das Schloss der Grafen von Meran in den Himmel und erweckt immer noch den Eindruck, es müsse jeden Tag verteidigt werden. Schließlich daneben, aber nicht minder auffällig, das Mausoleum des Erzherzogs Johann. Der Bau wurde 1860, ein Jahr nach dem Tod des Herzogs, begonnen und neun Jahre später fertiggestellt. Es wurde von dem Architekten Moritz Wappler in dem damals aufsehenerregenden Stil der Neugotik geplant. Bauherr war Franz von Meran, der einzige Sohn von Erzherzog Johann und seiner morganatischen Frau Anna Plochl.

STANDESDÜNKEL Erzherzog Johann und Anna Plochl waren für die damalige Zeit das wohl umstrittenste Liebespaar im Hause Habsburg. Johann wurde 1782 als 13. Kind geboren, seine Eltern waren der Herzog und spätere Kaiser Leopold II. und Maria Ludovica. Anna Plochl hingegen war 22 Jahre jünger und Tochter des Postmeisters Jakob Plochl. Sie stammte aus dem Ausseer Land, während Johann in Florenz und Wien aufwuchs. Die beiden begegneten sich an einem Tanzabend 1819 zum ersten Mal, als Johann zum Bergsteigen und Jagen im Ausseer Land am Toplitzsee unterwegs war. Es muss Liebe auf den ersten Blick gewesen sein, die beiden wollten trotz des Altersunterschieds heiraten. Das Alter spielte dabei keine Rolle, aber der Standesunterschied, und deshalb verweigerte sein Bruder, Kaiser Franz I. von Österreich, die Zustimmung.

WAS LANGE WÄHRT, WIRD ENDLICH GUT Sechs Jahre lang bangten und hofften die beiden, dass sie auch offiziell ein Paar werden durften. Sicherlich keine leichte Zeit, vor

Die Apsis des neugotischen Mausoleums für die Grafen von Meran in Schenna ist mit Wassers peienden Monstern bestückt.

allem für Anna, die sich viel Spott und Häme anhören durfte und die oft lange Zeit allein war, denn Johann war viel auf Reisen. Aber schließlich, im Februar 1829, willigte Kaiser Franz ein, und Johann durfte, wenn auch nicht im großen Stil, sondern nur still und heimlich, seine Anna heiraten. Dafür verzichtete er auch auf die Thronfolge und war einverstanden, dass seine Nachfahren ohne Adelstitel auskommen mussten. Zumindest Letzteres änderte sich nach ein paar Jahren und Anna bekam den Titel »Freifrau von Brandhofen« verliehen.

WAS BLEIBT, IST DIE LIEBE Zehn Jahre nach ihrer Trauung, im Jahr 1839, bekam das Paar auch sein erstes und einziges Kind, Franz. Auch er sollte nicht ganz leer ausgehen und wurde zum Grafen von Meran ernannt. 1850 stieg auch seine Mutter in den Rang einer Gräfin auf und durfte ebenfalls den Titel Gräfin von Meran tragen. Knapp 30 Jahre waren Anna und Johann ein glückliches Paar. Aber am 11. Mai 1859 starb Johann an einer Lungenentzündung. Zunächst wurde er in Graz bestattet, aber zehn Jahre später in das fertiggestellte Mausoleum von Schenna überführt. Es dauerte bis 1885, bis er dort wieder mit seiner Frau vereint sein sollte. Anna überlebte ihren Mann um 26 Jahre. Zumindest jetzt, im Tod, sind beide für immer vereint.

↓ Eingang zum Schloss Schenna

↘ Rund um die Pfarrkirche Maria Himmelfahrt ist der Dorffriedhof angelegt.

DAS MAUSOLEUM Auch Sohn Franz, selbst Vater von sieben Kindern und damit Gründer der großen Dynastie der Grafen von Meran ist im Mausoleum beigesetzt. Der Innenraum über der Gruft vermittelt dem Besucher das Gefühl, er stünde im Chorraum einer gotischen Kathedrale. Dabei ist es nur eine Kapelle, die an der Decke mit einem Kreuzrippengewölbe abgeschlossen wird. Der Altar besteht aus weißem Marmor, der vermutlich in Laas gebrochen wurde. Offiziell ist sie dem Heiligen Johannes dem Täufer geweiht, entsprechend dem Taufnamen des Erzherzogs. Es lässt sich von April bis Oktober zweimal wöchentlich mit einer Führung besichtigen.

Das besondere Erlebnis

Das Schloss ganz in der Nähe gehört immer noch der Familie der Grafen von Meran und kann ebenfalls mit Führung besichtigt werden. Und wenn auf der Internetseite des Schlosses zu lesen ist »Wir führen Sie ganz persönlich durch unser Schloss«, so ist das wörtlich zu nehmen. Fast immer führt jemand aus der gräflichen Familie durch das alte Gemäuer und hat jede Menge Erzählungen auf Lager, die die Geschichte der Familie so richtig lebendig machen. Und natürlich ist es von Schenna nicht weit nach Meran. Die kleine Kurstadt an der Passer sorgt für ein paar sorglose Stunden.

Das Mausoleum der Grafen von Meran ist vom Schlosseingang gut zu sehen.

13

EINSAM AM RAND VON MERAN

Der Einsiedler von Naif

»Menschenkind wo gehst du hin? Denk das ich deine Mutter bin!« steht über dem Kapelleneingang von Naif. Dabei ist die angegliederte einstige Einsiedelei das Besondere an diesem einsamen Platz.

Naif Kapelle **Ort** Naiftal, 39012 Meran **GPS** 46.670259, 11.203233 **Anfahrt** ÖPNV: Mit der Bahn nach Meran, weiter mit dem Bus zur Talstation Meran 2000 und zu Fuß entlang des Naiferbachs zur Kapelle; Auto: Zur Talstation der Gondelbahn Meran 2000 und von dort zu Fuß weiter **Info** www.merano-suedtirol.it

An die Kapelle Unser lieben Frau von Naif bei Meran ist eine Einsiedelei angebaut.

Ein einfaches Holzkreuz markiert den Eingang zu dem versteckten Areal.

UNSERE LIEBE FRAU Am Eingang zum Naiftal versteckt sich hinter dem modernen Hotel Prinz Rudolf die Kapelle »Unsere Liebe Frau« von Naif. Kapellen, die der Muttergottes geweiht sind, gibt es in Südtirol zahlreiche. Aber diese Kapelle ist etwas Besonderes. Direkt daran angeschlossen ist eine alte Einsiedelei, ein winziges Gebäude, in dem Eremiten lebten. Von diesen Einsiedeleien sind in Südtirol nur noch wenige erhalten.

EINSIEDLER UND EREMITEN Die ersten Einsiedler, sogenannte Anachroten, gab es bereits im 3. Jahrhundert. Das waren Menschen, die sich aus der Gemeinschaft zurückzogen, um einsam auf dem Land, abgeschieden von der Zivilisation, zu leben. Entstanden ist diese Lebensform zuerst in Ägypten, später in Syrien und Vorderasien, wo sich Christen und Christinnen, ähnlich wie ihr Vorbild Jesus, in die Wüste zurückzogen. Der Grund dafür lag damals jedoch sicherlich in der Christenverfolgung. Das Leben dieser Eremiten war von Gebet, Arbeit und Verzicht bestimmt, und das machte sie zu Vorbildern im christlichen Glauben.

GEBETE UND FÜRSPRACHE Wer heute die Kapelle besucht, kann sich nur schwer vorstellen, wie einsam ihre Lage wohl vor mehr als 300 Jahren am Fuße des Piffinger Köpfles, dem heutigen Skigebiet Meran 2000 war. Die Kapelle wurde um 1695 von den Bewohnern von Mais erbaut. Sie wollten damit ihren Dank zum Ausdruck bringen, dass die Muttergottes sie vor den Überschwemmungen des danebenliegenden wilden Naiferbachs verschont hat. Zumindest eine Urkunde von 1698 bezeugt, dass der Trienter Bischof die Genehmigung zur Feier der Heiligen Messe dort erlaubte. Fünf Jahre später wird auch der Bau der Einsiedelei schriftlich erwähnt. Die ersten Einsiedler, die an der Naifer Kapelle wohnten, stammten wohl aus dem nahen Kloster Josefsberg in Algund. Sie lebten vor allem von Spenden, meist Nahrungsmittel, die die umliegende Bevölkerung vorbei-

↑ Im Winter liegt das Gotteshaus im Schatten der Berge.
↗ Arma-Christi-Kreuz

brachte. Diese wiederum erhofften sich von den genügsamen Eremiten besondere Gebete und vor allem Fürsprache bei Gott. Immerhin schienen ihnen die Einsiedler durch ihr enthaltsames, einfaches Leben Gott näher zu stehen; diesen direkten Draht wollte man für sich nutzen.

DER ANFANG VOM ENDE ODER UMGEKEHRT? Aber gerade einmal 80 Jahre nach der Erbauung der Einsiedlerkate beendete Kaiser Josef II. 1782 das Einsiedlerdasein. Seine Religionspolitik, die als Josephinismus bezeichnet wird, verbot nicht nur alle Bettelorden, sondern alle kontemplativen Orden in Österreich. Klöster, die sich um Arme und um Krankenpflege kümmerten, Spitäler oder Schulen betrieben, waren davon nicht betroffen. So begann langsam der Verfall der Einsiedelei. Zwischendurch dienten die Räume den Lehrern der Maiser Schule als Wohnung, aber das kleine Gebäude war bald verlassen. Nur zur Kirche zogen immer wieder Gläubige und Pilger, sodass die Kapelle zu einem Wallfahrtsort wurde. Am 21. April 1876 gab es dann ein Unglück. Eine Felslawine, die sich von der dahinterliegenden Wand löste, zerstörte Teile des Gotteshauses. Aber die Bevölkerung beteiligte sich am Wiederaufbau. 1900 stiftete dann die Köchin Luise Fiala aus dem nahen Schloss Labers eine enorme Summe, um die Kapelle mit Fresken ausschmücken zu lassen. Diese kann man noch heute in der Kirche bewundern. Auch wenn die Tür verschlossen ist, so erlaubt doch eine Öffnung im Fenster den Blick ins Innere. Und der wiederum zeigt, dass die Kirche doch nicht so ganz verlassen ist. Gebetszettel, brennende Kerzen und frische Blumen deuten darauf hin, dass immer einige Gläubige ihren Weg hierher finden, und so wird zumindest die Muttergottes von Naif noch verehrt.

Die Gedenktafel erinnert an Kronprinz Rudolf, der hier in Bergnot geraten war.

Noch mehr Lost Places

Ganz in der Nähe der Kapelle erinnert eine zerbrochene Marmortafel an Kronprinz Rudolf und das K.u.K. Offizierskorps des Landesschützen-Bataillons. Rudolf, der einzige Sohn und Thronfolger von Kaiser Franz Joseph und Kaiserin Elisabeth, besuchte während der Ostertage 1871 seine Mutter »Sisi« in Meran. Auf einem Spaziergang unweit der Naifer Kapelle soll er sich mit seinem Hauslehrer verirrt und verstiegen haben. Eine nahe Bäuerin hörte ihre Hilferufe und brachte sie auf den richtigen Weg zurück. Ein Vorfall, über den niemand aus Respekt und Rücksicht gegenüber der kaiserlichen Familie berichtete, obwohl die Zeitungen damals voll mit Geschichten über den kaiserlichen Aufenthalt in Meran waren. Erst nach dem tragischen Selbstmord des Kronprinzen 1889 wurde darüber berichtet. Zu seinem Gedenken wurde zunächst ein Holzkreuz, das später durch die Marmortafel ersetzt wurde, vom Offizierskorps aufgestellt.

Hinter dem Gnadenbild in der Kapelle ist die Apsis mit einem Fresko der Geburt Christi verziert.

14

ZWEI KRIEGE, ENDLOSES LEID UND DOCH IN FRIEDEN RUHEN

Soldatenfriedhof in Meran

Im Krieg bekämpften sie sich und fanden den Tod. Jetzt ruhen die Opfer unterschiedlicher Nationen aus zwei Weltkriegen nebeneinander im Friedhof von Meran.

Meran **Ort** St.-Joseph-Straße 17, 39012 Meran **GPS** 46.673658, 11.146962 **Anfahrt** ÖPNV: Mit der Bahn nach Meran, weiter mit dem Bus oder zu Fuß; Auto: Der Friedhof liegt westlich des Meraner Hauptbahnhofs. **Info** www.merano-suedtirol.it

An die italienischen Gefallenen im Soldatenfriedhof erinnern Kreuze aus Stein.

ÖSTERREICHISCH-UNGARISCHER SOLDATENFRIEDHOF Auf Soldatenfriedhöfe und Ehrenmale, oft in protziger faschistischer Aufmachung, trifft man in Südtirol an fast allen Ecken und Winkeln des Landes. Sie erinnern meist an die Gefallenen des Ersten Weltkriegs, als sich Österreich und Italien einen erbitterten Kampf an der Front quer über die südliche Alpenkette lieferten. Das ganze Ausmaß dieses grausamen Krieges wird einem durch einen Besuch des Meraner Soldatenfriedhofs deutlich. Er grenzt direkt an den städtischen Friedhof. Angelegt wurde er bereits wenige Monate nach Ausbruch des Ersten Weltkriegs. Denn schon im Sommer 1915 verstarben viele Österreicher in den eilig eingerichteten Lazaretten rund um Meran. Damals glaubte man noch an einen raschen Sieg, aber schon ein Jahr später war man gezwungen, den restlos überfüllten Friedhof zu erweitern. 507 Tote wurden hier direkt bestattet, aber bald wurden auch die vielen sterblichen Überreste der Soldaten umgebettet, die in der Umgebung in kleineren Soldatenfriedhöfen beigesetzt worden waren. Insgesamt fanden 1528 Ös-

↑ Der Eingang von der St.-Josef-Straße

↗ Im Deutschen Teil liegen Erinnerungssteine am Boden.

terreich-Ungarische Soldaten ihre letzte Ruhestätte auf dem Friedhof.

DEUTSCHER UND ITALIENISCHER SOLDATENFRIEDHOF Leider damit noch nicht genug. Im Zweiten Weltkrieg begann das sinnlose Sterben erneut. Diesmal legte ab 1943 die deutsche Wehrmacht einen Soldatenfriedhof an, um die deutschen Toten möglichst würdevoll zu beerdigen. Mit Umbettungen durch den Volksbund nach dem Krieg fanden allein 1058 deutsche Kriegstote ihre letzte Ruhestätte in Meran. Er ist einer von acht deutschen Soldatenfriedhöfen in Italien. Räumlich nur durch ein paar Bäume getrennt, wurden auch 281 italienische Soldaten aus dem Zweiten Weltkrieg auf dem Friedhof beigesetzt.

IN FRIEDEN RUHEN Bei einem Besuch des Friedhofs wird einem die ganze Tragik der bitteren Epochen unserer Geschichte bewusst. Die unzähligen Kreuze und Gedenktafeln erinnern an viele einzelne Menschen, die für sinnlose Kriege ihr Leben lassen mussten. Ihre Schicksale, ihre Ängste und ihre leidvollen Erlebnisse kann man nicht erfassen. Sie hatten keine Gelegenheit mehr, ihre Geschichte zu erzählen. Abgesehen von dem Leid, dass die Angehörigen durch diesen Verlust ertragen mussten. Ein Unterschied zwischen Sieger und Verlierer wird nun nicht mehr gemacht. Heute ruhen die einstigen Feinde, Österreicher, Ungarn, Deutsche und Italiener, gemeinsam in der Südtiroler Erde.

Noch mehr Lost Places

Einen weiteren bekannten Soldatenfriedhof gibt es im Pustertal in Bruneck. Der Waldfriedhof liegt auf dem Kühbergl etwas erhöht über der Stadt. Wenn die Schicksale der vielen Kriegsopfer nicht so dramatisch wären, könnte man von einem der schönsten und wildromantischsten Friedhöfe des Landes sprechen. Inmitten eines friedlichen Waldes fügt sich der Friedhof harmonisch ein.

15

EIN STAUSEE UND DIE GIER DER ORTSFREMDEN

Verlorene Bauernhöfe im Ultental

Das Ultental ist bekannt für seine wunderschönen, gut erhaltenen alten Bauernhäuser. Vom Schicksal überrannt gibt es auch Gegenpole, für immer verloren für die Nachwelt.

Ultental **Ort** Schmiedhof, 39016 St. Walburg **GPS** 46.534570, 10.966511
Anfahrt ÖPNV: Mit dem Zug nach Meran, weiter mit dem Bus über Lana ins Ultental, Haltestelle Schmiedhof; Auto: Durch das Ultental, der Hof liegt auf der rechten Straßenseite, gleich hinter dem Stausee **Info** www.merano-suedtirol.it

Das Häusl am Stein im Ultental ist ein Kuriosum und steht unter Denkmalschutz.

LIEBLICHES ULTENTAL Wer ins Ultental fährt, ist meist begeistert. Umgeben von herrlichen Bergen, gruppieren sich uralte Bauernhäuser auf den Talseiten links und rechts des Falschauer Baches. Altes Mauerwerk, oft aus Bachkugeln errichtet, und von der Sonne dunkel gefärbte Holzbalken bilden die windschiefen Hausmauern. Steine beschweren die Schindeldächer und im Sommer zieren Unmengen an roten Geranien die Balkone. Genauso stellt man sich Südtiroler Idylle vor. Auf halber Strecke ins Tal liegt der große Zoggler See, ein künstlicher Speichersee, dem man erst auf den zweiten Blick ansieht, dass er nicht natürlichen Ursprungs ist. Dieser See ist wohl schuld am Schicksal des Schmiedhofs.

TRAURIGER SCHMIEDHOF Kaum hat man nämlich den Zoggler Stausee passiert, erreicht man am Ortsanfang von Kuppelwies den Schmiedhof. Eigentlich ein stattliches Ensemble von vier Gebäuden, die nur durch die Straße getrennt am Seeufer stehen. Aber von der Pracht der einst großzügigen Hoffläche ist nicht mehr viel übrig. Der älteste Teil, ein Stadl, ist schon fast gänzlich zusammengebrochen, aber auch am Haupthaus und den Nebengebäuden nagt der Zahn der Zeit. Man erzählt sich, dass der Untergang des Hofes mit dem Bau des Zoggler Stausees einherging. An diesem wurde ab 1955 gebaut, bis zu seiner vollen Stauhöhe dauerte das fast ein Jahrzehnt. Das Ganze unter großem Protest der Bevölkerung, denn nicht nur die

↓ Der Schmiedhof bei Kuppelwies wird nur noch von den Balken des Fachwerks aufrecht gehalten.
↘ Der Backofen am Häusl am Stein wird immer noch benutzt.

Baustelle war extrem belastend, einige Einheimische wurden zwangsenteignet. Über zwei Dutzend Bauernhöfe und vor allem viel wertvoller Grund und Boden gingen verloren. Die Höfe konnten zum Teil auf eine 600-jährige Geschichte zurückblicken. Von denen, die auf dem heutigen Seegrund standen, ist nichts mehr übrig geblieben. So gesehen hätte der Schmiedhof noch Glück gehabt, er lag auf der nördlichen Talseite und war vom Wasser nicht betroffen. Aber der Schmiedhof verlor fast seinen ganzen fruchtbaren Boden. Übrig blieben nur die Almwiesen und der Bergwald. Von diesem Schlag konnte sich der Besitzer nie mehr richtig erholen. Mit einem Sägewerk versuchte man sich zu retten, aber auch dieses ging in Konkurs, und so wurde der Hof 1985 zwangsversteigert.

ZU TEUER Schon damals zu Preisen, die sich kein Ultener leisten konnte. Stattdessen investierte ein Ortsfremder aus Lana, der seinen Reichtum durch Apfelplantagen begründet hatte, in den Hof und die Ländereien. Genaugenommen interessierte er sich nur für den Wald, die Gebäude ließ er einfach weiter verkommen. Selbst nach seinem Tod 2010 sahen und sehen seine Erben keine Veranlassung, für den Erhalt der bäuerlichen Kultur im Ultental zu sorgen. Man selbst wohnt ja weit weg. Mittlerweile ist der Bau eine einzige Ruine, und es bedarf sicherlich nur mehr weniger Herbststürme, und vom einst stolzen Schmiedhof ist nur noch ein Häufchen elendiger Bauschutt übrig.

NICHT DAS EINZIGE OBJEKT Dabei ist der Hof im Ultental nur ein trauriges Beispiel

Ein weiterer verlassener Bauernhof steht direkt hinter dem Häusl am Stein in Bad Lad, alles stürzt ein, nur die Hofbäume wachsen weiter.

Die Verbretterung der Scheune vom Schmiedhof hält noch alles ein wenig zusammen.

von einigen Fällen, die man in den Südtiroler Landesecken zu sehen bekommt. Wer die Augen aufhält, entdeckt aufgelassene Höfe und Kleinhäuser, die dem endgültigen Verfall preisgegeben sind. Meist liegen sie abseits der großen Touristenströme, manchmal fast einsam stehen sie entlang der großen Verkehrsadern oder verfallen dort, wo im großen Stil gebaut – alles Gründe, weshalb sich deren Erhalt für die Besitzer nicht mehr lohnt.

Noch mehr Lost Places

Ein Hof, der von einem Untergang verschont wurde, ist das »Haus am Stein« in Bad Lad im Ultental. Genaugenommen wurde es von einer Naturkatastrophe gerettet und das nur, weil es zufällig auf einem Stein erbaut war. Der Hof stammt aus der Zeit um 1700. 1882 kam es im Tal zu einem verheerenden Hochwasser. Das Haus stand nahe am Falschauer Bach mitten auf einer saftigen Wiese. Das Hochwasser aber schwemmte innerhalb von einer Nacht den Erdboden weg und veränderte den Talgrund, der von nun an gut 3 Meter niedriger lag. Nur das Häuschen blieb wie durch ein Wunder stehen. Es ist in Privatbesitz, aber von außen gut zu erkennen. Hingegen ist der Nachbarhof wieder ein Paradebeispiel für einen alten Hof, um den sich niemand mehr kümmert.

Hinter diesem Fenster war einmal der Stall, heute ist alles von Unkraut bewachsen.

Der unheimliche künstliche Gang auf der Burgruine Maultasch führt ins Innere der einstigen Burg.

16

MARGARETE MAULTASCH – LETZTE IHRES GESCHLECHTS

Burgruine Neuhaus

Ohne Herzogin Margarete Maultasch wären Tirol und Südtirol nie ein Teil des Habsburger Reiches geworden. Zumindest bis 1919 gehörten beide Länder dazu.

Burgruine Neuhaus **Ort** 39018 Terlan **GPS** 46.525118, 11.254421 **Anfahrt** ÖPNV: Mit dem Zug nach Terlan und die Wanderung vom Bahnhof aus starten; Auto: Terlan liegt auf der alten Landstraße, die von Bozen nach Meran führt. **Info** www.terlan.info

WAS FÜR EINE FRAU Margarete (1318–1369) war die einzige Tochter des Grafen von Tirol, dem auch die Grafschaft von Görz und der Herzogstuhl von Kärnten gehörte. Sie war erbberechtigt und wurde 1330 mit Johann Heinrich von Böhmen vermählt. Dieser war damals erst acht Jahre alt, das spielte für die an Dynastien denkenden Eltern keine Rolle. Doch das Schicksal wollte es anders. Die beiden mochten sich einfach nicht, und das blieb auch so, als sie erwachsen wurden. Überdies spielte sich der Böhme als Herrscher Tirols auf, was bei der einheimischen Bevölkerung überhaupt nicht gut ankam. Kurz und gut, 1341 ging die Geschichte mit einem Skandal zu Ende, über den damals ganz Europa sprach. Herzogin Margarete verschloss ihrem Mann ausgerechnet am Allerseelentag 1341 die Tore zur heimatlichen Burg Tirol. Von der Burgmauer erklärte sie ihm lautstark, er sei nicht nur unfähig, die Ehe mit ihr zu vollziehen, sondern auch nicht in der Lage, sein Land zu regieren und er möge gefälligst nach Hause zurückkehren. Ein größerer Hohn war kaum denkbar. Ein halbes Jahr später heiratete Margarete den Wittelsbacher Markgraf Ludwig den Brandenburger. In ganz Europa ein Affront sondergleichen und auch die Kirche war mit der Ehe nicht einverstanden. Nur in Tirol erfuhr die Hochzeit große Zustimmung, sowohl unter der Bevölkerung als auch unter den anderen Adeligen. Diese zweite Ehe schien glücklich zu verlaufen, auch wenn die päpstliche Kurie Margarete stark zusetzte und die Ehe für nicht rechtens erklärte. Das glückliche Paar bekam vier Kinder, zwei Söhne und zwei Töchter.

TRAURIGES ENDE Zumindest währte das Glück fast 20 Jahre. Aber im September 1361 starb Ludwig V. völlig unerwartet auf einer Reise von Tirol nach München im bayerischen Zorneding. Sein ältester Sohn Mein-

↓ Auf Neuhaus sind noch viele Mauern erhalten geblieben.

↘ Einige sogar mit den Schwalbenschwanzzinnen

Überraschenderweise hat man von der Burg immer wieder Durchblicke und damit Ausblicke auf das Etschtal.

hard trat das Erbe an und wurde Herzog in Oberbayern und Tirol. Doch keine zwei Jahre später verstarb auch er so überraschend und schnell, dass man damals einen Giftanschlag vermutete. Meinhard selbst hatte noch keine Kinder und so fiel das Land Tirol 1363 an Margarete zurück. Vom Tiroler Adel unter Druck gesetzt, setzte sie den Habsburger Rudolf IV. als Erben ein. Deshalb gehörte Tirol und damit auch Südtirol zumindest bis 1919 zum Haus Österreich.

ÜBLE NACHREDE Bei der Aufteilung ihres Erbes hatten damit sowohl die Wittelsbacher als auch die Luxemburger verloren. Es ist nicht verwunderlich, dass die Verlierer über die Herzogin lästerten und kein gutes Haar an ihr ließen. So soll sie ein Ausbund an Hässlichkeit gewesen sein, ihr schiefer, offener Mund wäre weit nach unten gehangen. Deswegen habe ihr erster Gemahl sie »Maultasch« gerufen. Das Letztere stimmt sogar, aber der wahre Grund dafür könnte auch ein anderer gewesen sein.

BURGRUINE NEUHAUS Die Herzogin hielt sich lieber auf der Burg Neuhaus über Terlan auf. Das Schloss Tirol bei Meran war nämlich nach einer Belagerung nicht mehr recht wohnlich. Unterhalb von Neuhaus gab es eine Zollstation, mit der die Straße von Bozen nach Meran kontrolliert wurde. Diese wurde ursprünglich *mala tasca,* schlechte Tasche, genannt und daraus wurde in der Umgangssprache »Maultasch«. Der Name ging auf die Burg über und so könnte es auch sein, dass Margarete wegen ihrer Vorliebe für diese Burg den Beinamen »Maultasch« erhielt. Sicher ist nur, dass Herzogin Margarete eine der schillerndsten Persönlichkeiten

Ein weiterer Lost Place findet sich in der Terlaner Dorfkirche.
Man versuchte den Gläubigen so anschaulich als möglich die Bibel zu erzählen.

der Tiroler Geschichte war und gleichzeitig eine für das Mittelalter unglaublich couragierte, mutige und emanzipierte Frau, die im Rahmen ihrer Möglichkeiten selbstbestimmt ihre geliebte Heimat Tirol regierte, auch wenn sie sie am Ende verlor.

SO KOMMT MAN HIN Um die Ruine Neuhaus zu besuchen, muss man eine kleine Wanderung (einfach, ca. 1 Stunde) unternehmen. Startplatz ist die Kirche von Terlan, wo man der Kirchgasse Richtung Norden folgt. Dann geht es rechts in den Margarethenweg und bald quert man die Straße nach Mölten. Auf der anderen Seite hält man sich dann rechts und folgt der Beschilderung hinauf zur Ruine. Durch das östliche Burgtor gelangt man in die Vorburg, die Kernburg wird vom mächtigen Bergfried dominiert. Grandios ist die Aussicht von der Ruine über das Etschtal auf die Hochebene von Kaltern. Nach der Besichtigung wandern wir zunächst auf dem Anstiegsweg zurück und nehmen dann die Abzweigung nach links. Nun geht es steil bergab und schon sind wir wieder im Tal.

Noch ein Lost Place

Jetzt ist sicherlich noch Zeit für einen besonders gruseligen Ort in Terlan. Dazu besucht man die Dorfkirche. Die rechte hintere Kirchwand schmückt ein grausiges Fresko, das so manchem Besucher einen Schauer über den Rücken jagt. Dargestellt ist der Bethlehemitische Kindermord aus dem Neuen Testament. Schon vor 500 Jahren hatte der Künstler wohl eine sehr lebhafte Fantasie, die jedem Horror-Schocker heute gerecht werden würde.

Bei Kaltern sorgen Felsverwitterungen für das Werden und Vergehen in der Natur (Kapitel 20).

BOZEN UND DER SÜDEN

17

AUS IS UND GAR IS', UND SCHAD IS', DASS WAHR IS

Bozen und seine Virglbahn

Auf den Virgl, einen der Bozener Hausberge, führte einst eine Standseilbahn. Betuchte Bürger leisteten sich einen Kaffee mit Aussicht – lang ist's her ...

Bozen **Ort** Kalvarienbergstraße auf den Virgl, 39100 Bozen **GPS** 46.492540, 11.352848 **Anfahrt** ÖPNV: Mit der Bahn nach Bozen, über die Loretobrücke ans südliche Eisackufer wechseln; Auto: Ausfahrt Bozen Nord, parken in der Altstadt-Tiefgarage und ebenfalls über die Brücke zum Beginn der Kalvarienbergstraße gehen **Info** www.bolzano-bozen.it

Über die einstige Standseilbahn führte eine Brücke.

↑ Ganz nahe erkennt man, wie steil die Anlage war.

↗ Alter Viadukt der Bahn

WO IST DER BERG? Die meisten kennen den Virgl nicht, auch wenn sie schon mehrmals auf der Brennerautobahn unter ihm hindurchgefahren sind. In der Höhe der Stadt Bozen ist er nämlich von einem letzten Tunnel durchzogen, bevor man sich der Autobahnausfahrt Bozen Süd nähert. Kaum jemand ahnt, dass auf dem kleinen Hausberg mehrere Häuser und sogar zwei Kirchlein stehen. Eine davon, die Heiliggrabkirche, sieht man über der Tunneleinfahrt, wenn man auf dem Weg nach Norden ist. Aber der Virgl zählt, neben Ritten und Kohlern, zu den Hausbergen Bozens, die man direkt aus der Stadtmitte heraus erreichen kann.

VERGNÜGLICHE VIRGLBAHN Einst führte die Virglbahn aus der Stadt auf den gleichnamigen Berg. Zwischen 1907 und 1943 brachte die Standseilbahn Gäste und Naherholungssuchende hinauf zur Virglwarte und zum Hotel Pension Schönblick. So konnte man vor allem im Sommer der Hitze der Stadt entfliehen und etwas frische Luft am Berg schnappen, denn immerhin lag die Bergstation knapp 200 Höhenmeter über der Stadt. Weitere Höhepunkte auf dem Virgl waren natürlich die grandiose Aussicht über das ganze Bozener Talbecken bis zu den Hügeln von Kaltern sowie die Möglichkeit, sich am Berg mit Kaffee und Kuchen verwöhnen zu lassen. Sicherlich ein Ausflug, den sich nicht jeder leisten konnte. Ein Arbeiter verdiente um 1910 rund 25 Kronen im Monat. Eine Berg- und Talfahrt kostete bereits 60 Heller (100 Heller waren 1 Krone) und somit blieb einigen Besuchern nichts anderes übrig, als zu Fuß auf den Berg zu steigen, während die Bahn von der Hautevolee von Bozen geschätzt wurde. Für die Fahrt standen zwei Wagen zur Verfügung, die maximal 36 Personen auf den Berg transportieren konnten. Zu den Stoßzeiten verkehrte sie sogar im 15-Minuten-Takt.

ZWISCHENSPIEL UND ZUKUNFTSPLÄNE Als jedoch im Zweiten Weltkrieg der nahe Bozner Bahnhof und die Brennerbahn bombardiert wurden, wurde auch die Virglbahn schwer getroffen. Die Schäden waren so groß, dass man nach dem Krieg den Betrieb nicht wieder aufnahm. Als die Wirtschaftswunderjahre begannen, errichtete man ab 1957 als Ersatz eine Luftseilbahn. Aber auch diese wurde mangels weiterer Investitionen und wegen größerer Sicherheitsmängel 1976 wieder eingestellt. Seitdem versinkt der Virgl im Dornröschenschlaf, auch wenn es umstrittene Konzepte und Pläne gibt, um den Virgl zum Beispiel als großen Museumdistrikt wiederzubeleben. Zumindest sind die baulichen Reste der Bahn unter Denkmalschutz gestellt worden.

HEUTE NUR ZU FUSS Besuchen kann man den Virgl jedoch immer. Aus der Stadt führen mehrere Wege hinauf. Am einfachsten folgt man der Kalvarienbergstraße (Wanderung: ca. 2 Stunden, 250 Höhenmeter), die sich in vielen Kurven auf den Berg windet. Am Weg liegt die Heiliggrabkapelle mit der Brunnenkapelle, dann passiert man auch die Vigiliuskirche. Beide sind jedoch fast immer verschlossen, aber die Aussicht ist schön. Vorbei an mehreren Häusern erreicht man schließlich das ehemalige Hotel Bellavista/Schönblick. Leider ein trostloser Anblick, doch man kann sich die Pracht der vergangenen Tage immer noch gut vorstellen. Unweit des Hotels liegen noch die Reste eines Tennisplatzes und eines ehemaligen Schwimmbads, die sogar bis in die 1980er-Jahre in Betrieb waren. Heute echte Spooky-Places, ebenso wie die ehemalige Bergstation der Bahn, wobei das gesamte Areal eingezäunt ist. An Wochenenden sowie freitags kann man die Wanderung hinauf bis zum Wendlandthof fortsetzen. Im traditionsreichen Gasthaus bekommt man dann die kulinarische Belohnung für die Tour. Auf dem Rückweg kann man unterhalb des ehemaligen Hotels Schönblick rechts auf einen schmalen Pfad abbiegen. Er ist nach Bozen beschildert und führt

Die aufwachsenden Büsche verdecken das Hausschild der Pension Schönblick.

Aus der Zeit um 1910 hat sich eine historische Aufnahme der Virglbahn erhalten.

steil entlang der einstigen Standseilbahn abwärts. So lassen sich auch noch die Reste der Anlage, darunter zwei Bogen des Viadukts, besuchen.

Das besondere Erlebnis

Es gibt noch einige historische Bahnen, die man von Bozen aus nutzen kann. So führt auf den Kohlern eine der ältesten Seilbahnen Südtirols. Oben kann man zu Wanderungen starten oder in ein historisches Gasthaus von 1899 einkehren. Auf den Ritten führt heute eine moderne Gondelbahn. Wer bereits am Vormittag hinauffährt, kann in den historischen Zugwagen der Ritter Bahn wechseln. Dieser verbindet Oberbozen mit Klobenstein. Verloren hingegen ist die Bahn hinauf auf die Guntschnapromenade, von ihr finden sich nur noch klägliche Reste und ein paar letzte Erinnerungen. Ein Schicksal, das sich nun wohl auch die Jenesiener Seilbahn teilen muss. Sie verband unweit der Burg Runkelstein das Nordende von Bozen mit Jenesien auf dem Tschögglberg, wurde jedoch vor zwei Jahren stillgelegt.

Die Pension Schönblick am Virgl versteckt ihren Verfall nicht.

Eine einzige Nacht und der gewaltige Sturm Vaia hat den Wald um den Karersee vernichtet.

18

HEXENMEISTER, NIXE UND REGENBOGEN

Sage vom Karersee

Der Karersee mit den sich darin spiegelnden Wänden des Latemars regte durch sein tiefgrün schillerndes Wasser schon immer die Fantasie der Besucher an.

Karersee **Ort** Karerseestraße, 39056 Welschnofen, 39020 Martell **GPS** 46.410475, 11.575883
Anfahrt ÖPNV: Mit dem Zug nach Bozen, weiter mit dem Bus ins Eggental zum Karersee; Auto: Durch das Eggental in Richtung Karerpass fahren, der See liegt an der Straße SS241.
Info www.carezza.it oder www.eggental.com

PARADIESISCH Unbekannt kann man den Südtiroler Vorzeige-Bergsee wirklich nicht nennen. Fotos von ihm zieren unzählige Bildbände und Kalender. Der Karersee liegt im hintersten Winkel des Eggentals, zwischen Rosengarten und Latemar inmitten der Dolomiten. Ein wirklich paradiesisches Fleckchen Erde, das auf die Liste »Was man im Leben einmal gesehen haben muss« gehört. Der See birgt einige Besonderheiten, und das liegt nicht nur an seinem wechselnden Farbenspiel. Je nach Jahreszeit kann sein Wasserstand erheblich schwanken. Im Sommer und Herbst gibt es Perioden, da scheint der See auf eine so kleine Fläche zu schrumpfen, dass man befürchten muss, er verschwindet ein für alle Mal und mutiert zu einem nicht mehr existenten Lost Place.

DIE SAGE VOM REGENBOGENSEE Der Sage nach lebte vor langer Zeit eine wunderschöne Wasserfee, eine Nixe, im Karersee. Eines Tages sah sie der Hexenmeister von Masaré, hörte sie singen und verliebte sich unsterblich in die Nixe. Er setzte seine ganzen Zauberkünste ein, um sie zu gewinnen, aber alles misslang. Die Nixe war nicht zu verführen und entwischte bei jedem Versuch ins Wasser. Der Hexenmeister bat schließlich die Hexe Langwerda um Hilfe. Langwerda empfahl ihm, einen Regenbogen mit Juwelen zu zaubern, der vom See bis zu den Spitzen des Rosengartens reichen sollte. Der Regenbogen soll so wunderschön sein, dass ihm die Nixe einfach folgen würde, und so könne er sie schließlich, wenn sie an Land ist, erobern. Die Nixe jedoch war schlauer als der Hexenmeister und durchschaute seinen Plan. Sie bewunderte den Regenbogen und die funkelnden Steine, tauchte dann aber sofort wieder in den See, als sich der Hexenmeister näherte. Dieser war so erbost, dass er in seinem Zorn den Regenbogen zerschmetterte und ihn mitsamt den Edelsteinen der Nixe in

Immer noch warten nach dem Sturm große Holzstapel auf den Abtransport.

Eine moderne Straßenunterführung dient als Wanderweg zum Karersee.

den See hinterherwarf. Von diesem Tag an war die Nixe nie mehr zu sehen, dafür schimmert der Karersee in allen Regenbogenfarben. Die ladinische Bevölkerung nennt ihn deshalb auch *Lec de Ergobando*, Regenbogensee.

VAIAS SPUREN So schön wie der See ist, so fantasievoll die dazugehörige Sage klingt, so deutlich merkt man bei einem Besuch, dass hier etwas nicht mehr so ist, wie es einmal war. Alles änderte sich in der Nacht vom 29. auf den 30. Oktober 2019. Da wütete das Sturmtief Vaia mit einer solchen Wucht und Gewalt über weite Teile Südtirols, dass es noch lange dauern wird, bis die Wunden, die der Sturm vor allem den Wäldern zugefügt hat, verheilen werden. Mit einer Leichtigkeit, als wären alle Bäume nur Streichhölzer, warf Vaia mit ihren Orkanböen einfach alles um. 5900 Hektar Bergwald, das entspricht 8300 Fußballfeldern, wurden in ganz Südtirol innerhalb von wenigen Stunden vernichtet. Im Eggental waren hauptsächlich die Waldzonen zwischen Welschnofen und dem Karerpass sowie zwischen Deutschnofen und Aldein betroffen. Auch wenn sich die Natur langsam alles zurückerobert, werden noch Jahrzehnte vergehen, bis hier wieder dichte, gesunde Bergwälder stehen. Bis dahin ist einzig und allein tröstlich, dass man an vielen Stellen heute eine Aussicht genießen kann, die vorher so noch nicht da war.

Das besondere Erlebnis

Der Besuch des Karersees lässt sich gut mit einer Wanderung verbinden. Vom Dorf Karersee aus ist es nur ein Spaziergang zum See, der jedoch über eine spannende Hängebrücke führt. Deutlich weiter und interessanter ist die Wanderung, die sich zunächst durch das Felsenlabyrinth am Latemar schlängelt und erst beim Rückweg auf den Karersee trifft.

Wie wohltuend ist der klägliche Restbestand des Waldes
mit seinen offen liegenden Luftwurzeln.

19

GELÜBDE RUND UM DEN DOM DER DOLOMITEN

Maria Weißenstein

Mitten im Eggental steht Südtirols bekannteste Wallfahrtskirche. Nur wenige Minuten entfernt liegt die Keimzelle der Wallfahrt, eine verfallene, einsame Einsiedelei.

Maria Weißenstein **Ort** Weißenstein, 39050 Deutschnofen **GPS** 46.391405, 11.413512 **Anfahrt** ÖPNV: Nach Bozen mit dem Zug, weiter mit dem Bus nach Maria Weißenstein. Zur Einsiedelei ist es ein kurzer Spaziergang; Auto: Bei Bozen die Straße in Richtung Eggental wählen und der Beschilderung nach Deutschnofen/Weißenstein folgen. Großer Parkplatz vorhanden **Info** www.eggental.com und www.weissenstein-pietralba.com

Bildstöcke an der Einsiedelei St. Leonhard bei der Wallfahrtskirche Maria Weißenstein

↑ An der Kapelle Ave Maria gibt es einen schönen Aussichtspunkt.
↗ Der Bildstock zeigt den Bauern Leonhard und die Wallfahrtslegende.

WIE ALLES BEGANN Die Anfänge der Wallfahrt führen ins Jahr 1553 zurück. Die Legende erzählt vom kranken Bauern Leonhard Weißensteiner, der aus der Gegend von Petersberg kam. Ihm sei die Muttergottes erschienen, die ihm Heilung versprochen habe, falls er ihr zu Ehren eine Kapelle errichten würde. Leonhard wurde gesund, vergaß aber zunächst sein Gelübde zu erfüllen. Da stürzte er plötzlich von einem Felsen und blieb schwer verletzt liegen. Rettung war nicht in Sicht, und erneut versprach der Bauer, zum Dank die Kapelle zu bauen. Das Wunder geschah und Weißensteiner wurde nach neun Tagen gerettet. Sofort begann er mit dem Bau. Bei den Aushubarbeiten stieß er in der Erde auf eine schneeweiße Pieta, einer kleinen Figur von Maria mit ihrem toten Sohn Jesus Christus auf dem Schoß. Leonhard deutete diese Statue als Zeichen des Himmels und gab ihr einen besonderen Platz in seiner Kapelle, direkt am Altar. Die Errettung von seiner Krankheit und dem Sturz, sowie die wundersame Auffindung der Madonnenfigur aus weißem Stein sprach sich bald im Eggental herum. Immer mehr Gläubige kamen mit ihren Anliegen und baten Maria um Hilfe. Weitere Genesungen und Erhörungen folgten, und rasch verbreiteten sich weit über alle Grenzen hinweg Erzählungen über die Wundertaten der Maria Weißenstein. Bald wurde die Kapelle zu klein, und der Bau einer größeren Kirche war notwendig. So begann man 1673 mit einem Kirchenneubau, dem ein Kloster von den Patres des Innsbrucker Servitenordens angeschlossen wurde.

NICHT ALLES IST ECHT Das Gnadenbild, das sich heute in der Kirche befindet, ist jedoch nicht mehr das Original. Durch die von Kaiser Joseph II. erlassene Kirchenreform von 1781, bei der alle Klöster, die sich nur dem kontemplativen Leben widmeten, aufgehoben wurden, wurden auch Weißenstein und das Kloster geschlossen, die Kirchenaus-

Am Rand des Abhangs wirken die vielen Gebetsräume fast gruselig.

stattung verteilt oder verkauft. Das Gnadenbild kam 1787 nach Leifers im Eisacktal, wobei sich mehrere Kirchengemeinden um die Pieta rissen. Den Zuschlag erhielt Leifers, wo sogleich ebenfalls die Wallfahrt einsetzte und es im Lauf der Jahre zu aufwendigen Prozessionen kam. Weißenstein selbst diente nur noch als Lager und Scheune. Erst 1836 kauften es die Serviten zurück, und auf Wunsch vieler Gläubiger wurde Weißenstein wieder ein Wallfahrtsort. Dort wurde eine Kopie des Gnadenbilds aufgestellt, die 1885 durch den damaligen Bischof von Trient, Giovanni Giacomo della Bona, neu geweiht wurde. Seitdem gibt es zwei Gnadenbilder, eines in Weißenstein und eines in der Kirche von Leifers.

MARIA WEISSENSTEIN Und wer jetzt schon einmal in Weißenstein ist, sollte natürlich trotzdem einen Blick in die Kirche Maria Weißenstein werfen, auch wenn sie kein Lost Place ist, dafür herrscht zu viel Trubel. Ihr Inneres ist mit barocken Fresken ausgestattet und prunkt mit viel Gold. Im hinteren Bereich der Kirche finden wir die Ursprungskapelle. Nicht vergessen sollte man den Seitengang mit Abertausenden von Votivtafeln aus allen Zeiten. Sie erzählen von tragischen Geschichten und wundersamen Genesungen, aber auch von bestandenen Abiturprüfungen und gelungenem Kampf gegen den Abstieg in die Drittliga der Fußballklassen.

ZUM DARK PLACE: DIE EINSIEDELEI Danach nimmt man Abstand vom Trubel und macht sich zu Fuß auf, um die Keimzelle der Wallfahrt zu besuchen. Diese liegt versteckt im Wald nordöstlich der Kirche. Es ist die Eremitage des Heiligen Leonhard. Am hinteren Ende des großen Wallfahrtsparkplatzes beginnt der Weg. In etwa 20 Minuten erreicht man den abgelegenen Ort mitten in der Natur, am Rand der steil abfallenden Flanke des Petersbergs. Von der kleinen Kapelle aus genießt man die gigantische Aussicht auf den Rosengarten. Angeblich wurde sie an der Stelle erbaut, an der Bauer Leonhard die Marien-Erscheinung hatte. Gleich daneben stehen zwei weitere Hütten, die Zellen der Einsiedelei, die wie ein echter Lost Place wirken. Sie stammen natürlich nicht mehr aus dem 18. Jahrhundert, aber mit ihren Kruzifixen, Kronen, Kreuzen und Briefen einiger Gläubiger ist es ein sehr spezieller Platz inmitten der Natur.

Selbstgebastelte Kreuze dienen heute noch als Votivgabe in der Einsiedelei.

Das Besondere Erlebnis

Maria Weißenstein kann man als Ausgangspunkt für verschiedene Wanderungen nutzen. Richtung Osten erreicht man im Auf und Ab das Gasthaus Petersberger Leger Alm. Eine andere Tour führt südlich von Weißenstein durch den Wald über die Schönrastalm zum Gasthof Schmiederalm. Dieser hat die schönere Aussicht und ist zudem wegen seiner frisch gebackenen goldgelben Strauben zu empfehlen.

Wallfahrtskirche Maria Weißenstein, der Dom der Dolomiten und Ort der Wunder

Die Ruine Leuchtenburg sieht von Weitem gut erhalten aus.

20

SAGENUMWOBENE STEINE ÜBER DEM SEE

Ruine Leuchtenburg und die Rosszähne

Eine Ruine samt Goldschatz, geologische Phänomene und wilde Rosszähne, all dies liegt auf dem Mitterberg über dem Kalterer See.

Kalterer See **Ort** 39052 Kalterer See **GPS** 46.385035, 11.256958 **Anfahrt** ÖPNV: Mit der Bahn nach Bozen, weiter mit dem Bus; Auto: Der Kalterer See liegt südlich von Kaltern an der Weinstraße **Info** www.kaltern.com

RUINE MIT AUSBLICK Hoch über dem Kalterer See thront auf einem bewaldeten Hügel die Burgruine Leuchtenburg und bewacht die Weinberge der Region Überetsch. Dieser Begriff bezeichnet das Gebiet am Fuß des Mendelpasses, ein Plateau, das sich durch den Hügel, den Mitterberg, von der eigentlichen Talsohle der Etsch abhebt. Bereits aus dem Tal kann man sich gut vorstellen, was für eine schöne Aussicht man von der Burg genießen kann. Und wer sich auf den Weg dorthin macht, wird sicherlich nicht enttäuscht werden.

MIT GESCHICHTE Die Leuchtenburg wurde im späten 12. Jahrhundert erbaut. Sie ist sehr früh an die Herren von Rottenburg gekommen und war Verwaltungszentrum für das Gebiet um den Kalterer See. Sie besitzt keinen Bergfried. Was von Weitem danach aussieht, ist der Palas, das Haupthaus, dessen Mauerwerk eine respektable Stärke aufweist. Von Norden her kann man über eine Leiter einsteigen. Drei Räume haben sich zumindest im Grundriss erhalten, die Decken der oberen Geschosse sind eingestürzt und so blickt man in den nackten Himmel. An der flachen Ost- und Südflanke der Burg standen zwei Vorburgen, die sich noch durch Mauern andeuten. Das ganze Areal ist von einem gut instandgehaltenen Mauerring umgeben und lässt nach allen Seiten Ausblicke zu.

RITTER, MORDE SOWIE EIN SCHATZ UND SCHLANGEN Der Legende nach war die Leuchtenburg durch einen unterirdischen Tunnel mit der nahen Laimburg verbunden. Die beiden Burgherren, zwei ehrenhafte Ritter, waren in Freundschaft verbunden. Aber eines Tages ehelichte der Laimburger eine wunderschöne Frau, die auch dem Leuchtenburger die Augen verdreht hatte und keinem Seitensprung abgeneigt war. Als der Laimburger von einer längeren Reise zurückkehrte und seine Frau mit seinem Freund im Schlafgemach überraschte, tötete er zunächst seine untreue Gattin. Dann verfolgte er seinen Rivalen durch den Tunnel bis zur Leuchtenburg, wo es zu einem erbitterten Zweikampf kam, bei dem beide so schwer verletzt wurden, dass sie starben. Seither geistern ihre Seelen durch die Burgen und die Felsen. Die Legende geht jedoch noch weiter. Als sich einmal abends zwei Mädchen am Mitterberg verirrten und von der Nacht überrascht wurden, hörten sie wimmernde, klagende Stimmen. Da erschien ihnen die treulose Ehefrau als weißer Geist. Sie bat die zwei Mädchen, die beiden Ritter und sie selbst vom Schicksal zu erlösen. Dafür versprach

Durch die steilen Felswände der Rosszähne kann man hindurchschlüpfen.

sie ihnen reiche Schätze, Edelsteine und Gold, die sofort vor den Mädchen auftauchten. Die Aufgabe wäre, sich von zwei Schlangen umringeln zu lassen, ohne einen Laut von sich zu geben. Eines der Mädchen nahm die Herausforderung an und schon wurde sie von zwei Schlangen umschlungen. Als diese Schlangen sich jedoch ihrem Gesicht näherten und sie küssen wollten, fing das Mädchen an zu schreien. Blitzartig verschwanden die Schlangen und mit ihnen alle Goldschätze. Deshalb soll man bis heute in Vollmondnächten die drei Geister auf dem Mitterberg klagen hören. Schlangen gibt es natürlich auch, aber die bekommt man heute eher selten zu Gesicht.

WANDERUNG ZUR BURG Startplatz für eine Wanderung zur Burg (4 Std., 12 km, 500 hm) ist der Eingang zum Freibad Lido am Kalterer See. Mit Blick auf den See halten wir uns am Freibad links und wandern auf dem Seerundweg. Wir versuchen in Seenähe zu bleiben, was gar nicht einfach ist, denn die meisten Uferbereiche sind in Privatbesitz. Am Nordende des Sees stoßen wir auf eine kleine Straße, auf der wir rechts am Seehotel Ambach vorbeiwandern, um unweit des Parc Hotel erneut auf eine Straße stoßen. Hier beginnt am Restaurant Leuchtenburg der Aufstieg zur Burgruine Leuchtenburg. Der Weg ist mit Nr. 18 beschildert und biegt hinter dem Restaurant nach rechts ab. Mit Panoramablick verabschieden wir uns ansteigend vom See. Das Sträßchen endet an einem Privathaus. Links davon beginnt ein Pfad, der in den Wald führt. Bald treffen wir wieder auf einen breiteren Weg, dem wir nach rechts weiter bergauf folgen. Über unseren Köpfen sehen wir bereits die Mauern der Burg. Wieder im Wald, queren wir eine Forststraße etwas nach rechts. Schattig wandern wir unter Stein- und Flaumeichen, Akazien- und sogar Blauglockenbäumen. Schließlich weist uns das Schild Leuchtenburg nach links, anfangs noch auf einem breiteren Weg, dann erneut links auf einen schmaleren. An dieser Stelle stößt von rechts ein weiterer Weg zu unserem, den wir später für den Rückweg nutzen wollen. Ein letztes Stück steigen wir steiler auf. Dann treten wir aus dem Wald und stehen auf dem Areal der Leuchtenburg.

Das Areal um die Burgruine ist von einer Mauer umfriedet.

WARME LÖCHER UND WILDE ROSSZÄHNE Zurück geht es ein Stück auf dem Hinweg, dann bleiben wir an der Abzweigung geradeaus. Bergab kommen wir auf einen Forstweg, dem wir nach links folgen. Nun sind wir auf dem Weg Nr. 13 zu den Rosszähnen unterwegs. Der Weg steigt wieder etwas an und nähert sich der Abbruchkante hinunter ins Etschtal. Einige Pfade führen zu Aussichtspunkten. Aber Achtung, diese Stellen sind nicht gesichert und fallen zum Tal hin senkrecht ab. Ansonsten wendet

Rund um die Rosszähne ranken sich noch viel mehr Sagen und Legenden wie über die Heilige Notburga.

sich der Pfad geschickt unterhalb der Kante durch den lichten Wald und wir erreichen die Rosszähne, die tatsächlich mit etwas Fantasie an Pferdezähne erinnern. Kurz vor den »Zähnen« liegen übrigens noch die Warmluftlöcher, die jedoch nicht ausgeschildert sind. Das Naturphänomen lässt Luft im Inneren des Berges aufsteigen und entlässt sie oben erwärmt aus den Felsspalten, wobei sich der Effekt nur an kalten Tagen zeigt. An den Rosszähnen bleiben wir auf der ursprünglichen Wanderseite. Beim Abstieg passieren wir noch eine große, spärlich bewachsene Steinplatte samt Rastplatz. Ideal für schöne Aussichten nach Süden, und überdies entpuppt sich die Felskuppe als Schatzkästchen für seltene Pflanzen. Danach geht es weiter bergab, der Wald wird wieder dichter, und schließlich wird unser Weg zu einem Forstweg. Jetzt können wir uns nicht mehr verlaufen. Wir folgen ihm, er umrundet relativ lange den Hügel, bis wir wieder auf den Hinweg stoßen, der uns wieder zum Ausgang bringt.

Das besondere Erlebnis

Rund um den Kalterer See gibt es vier Strandbäder, in denen man einen mediterranen Urlaubstag verbringen kann. Wer nur einmal kurz in den See hüpfen möchte, steuert das große Freibad Lido am Westufer an. Vor dem Eingang hält man sich links und erreicht einen Steg mit einer Leiter. Eine winzige Stelle, die den Einstieg erleichtert, kostenlos ist und damit ideal für alle, die nur kurz schwimmen möchten. Wer den Besuch der Leuchtenburg mit einem leckeren Aperitif ausklingen lassen möchte, besucht das Strandbad Gretl am See. Dort gibt es eine kleine Bar mit Sitzmöglichkeiten. Hier kann man sich bei Chill-out-Musik und einem Drink verwöhnen lassen.

21

EINST EINZIGE VERBINDUNG INS TAL

Fleimstalbahn

Nur noch in Ansätzen sind die Relikte der Fleimstalbahn vorhanden, stattdessen wurde die Bahntrasse zu einer traumhaft schönen Radstrecke.

Fleimstalbahn **Ort** Bahnhof Auer, 39040 Auer/Ora **GPS** 46.360559, 11.297662
Anfahrt ÖPNV: Mit dem Zug nach Auer, von dort der Radwegbeschilderung folgen; Auto: Zum Bahnhof von Auer, großer Parkplatz vorhanden **Info** www.castelfeder.info

An diesem Viadukt der Fleimstalbahn änderte der Zug seine Richtung.

1000 HÖHENMETER UND NOCH VIEL MEHR ARBEITER Zwischen Auer im Südtiroler Unterland und dem Pass San Lugano liegen 1000 Höhenmeter, die man einst mit der Fleimstalbahn zurücklegen konnte. Das war eine relativ gute und bequeme Verbindung, um aus dem Südtiroler Etschtal ins Trentinische Fleimstal, das Val di Fiemme, zu gelangen. Erste Pläne für den Bau der Bahn gab es 1891, die jedoch zunächst nicht realisiert wurden. Während des Ersten Weltkriegs merkte man jedoch schnell, wie schwierig sich der Nachschub über die nur schlecht ausgebauten Straßen befördern ließ und so beschloss man, die Bahntrasse zu verwirklichen. 1916 wurde mit dem Bau am Bahnhof von Auer begonnen. Neben fast 4000 Arbeitern wurden an die 1500 Zwangsarbeiter, vorwiegend russische Kriegsgefangene, zu dem Bau verpflichtet. Der erste Zug rollte am 28. April 1917 in Richtung Berge. Zunächst führten die Schienen nur auf einer Länge von 45 Kilometern vorbei an Cavalese über den San-Lugano-Pass. Ein Jahr später folgte die Verlängerung bis Predazzo am Ende des Fleimstals.

GEDULD GEFRAGT Bis 1927 wurde der Zug vor allem für Holztransporte genutzt. Bei nur drei Zügen täglich und einer Reisezeit von knapp vier Stunden war die Strecke für Reisende eher uninteressant, überdies führte sie nicht zu touristischen Hotspots. Die Bahn rechnete sich nicht und fuhr nur Defizite ein. Deshalb wurde sie 1927 privatisiert und zwei Jahre später auf elektrischen Betrieb umgestellt. Das verkürzte die Fahrzeit erheblich, jetzt dauerte die Fahrt nur noch 2 Stunden und 15 Minuten. Aber das half nicht, um sie aus ihrem finanziellen Loch zu katapultieren. Die Fleimstalbahn rechnete sich nie und musste immer subventioniert werden. Deshalb wurde 1963 der Verkehr auf ihren Schienen eingestellt, und stattdessen setzte man Busse ein.

FAHRSPASS AUF DER GANZEN LINIE Heutzutage ist die alte Bahntrasse saniert, von allen Schienen befreit und in einen Rad- und Wanderweg umgewandelt. Er führt von Auer über das Naturschutzgebiet von Castelfeder (s. Kap. 31) und durch den Naturpark Trudner Horn. Eine wirklich traumhafte, mehr als 50 Kilometer lange Radtour mit tollen Ausblicken, spannenden Tunnel, dem Viadukt Glen und jeder Menge Lost Places wie die vielen aufgelassenen Bahnhöfe. Die Strecke führt dabei stetig, aber nie zu steil, bergauf, denn das hätte ein Zug auch nicht geschafft. Wer jedoch ein E-Bike besitzt, ist klar im Vorteil. Startplatz ist der Bahnhof in Auer oder alternativ der Ort Montan. Der schönste Abschnitt führt bis zum Pass Lugano an die Grenze zum Trentino. Wer den Weg fortsetzen möchte, trifft im weiteren Verlauf aber nur noch auf wenige Relikte der Bahn. Deshalb drehen die meisten am Pass um und genießen anschließend die absolut mühelose Abfahrt zurück ins Tal.

Die Bahnhöfe sind noch alle gut erhalten, stehen jedoch völlig leer.

Das besondere Erlebnis

Unweit des Lugano-Passes zweigt das Cembratal von Cavalese nach Süden ab. Das ist ein relativ unbekanntes trentinisches Tal, das aber für seinen Weinanbau bekannt ist. Aus den anfallenden Resten der Weinproduktion, dem Trester, wird im Tal ein besonders hochwertiger Grappa destilliert. Er wird als klassisches Haus- und Wundermittel gegen allerlei Zipperlein und Krankheiten eingesetzt, aber auch als hochwertiger Brand verkauft (Produzenten findet man unter www.visitpinecembra.it).

Ehemaliger Bahnhof am schönen Pausahof

22

ZUFLUCHTSORT UND HERBERGE FÜR REISENDE

Klösterle von Laag

Das Klösterle St. Florian ist es eines der wenigen, komplett erhaltenen romanischen Hospize in Europa. Bereits im 15. Jahrhundert verlor es an Bedeutung, als in Neumarkt der erste Gasthof ebenfalls Betten anbot.

Klösterle St. Florian **Ort** St. Florian Straße, 39040 Laag/Neumarkt **GPS** 46.289472, 11.245427 **Anfahrt** ÖPNV: Mit dem Zug nach Margreid, zu Fuß über die Etsch und weiter über den Etschradweg zum Klösterle; Auto: Das Hopiz liegt an der Landstraße nördlich von Laag. Es gibt kaum Parkmöglichkeiten. Zu Fuß geht es in 5 Minuten von dort zum Klösterle. **Info** www.castelfeder.info

Wie ein Monster wirken Fenster und Türe des ehemaligen Hospizes.

MITTELALTERLICHES REISEN Unweit von Laag kann man zwischen einem Steinbruch und einem Umspannwerk in wenigen Minuten zum etwas höher gelegenen Klösterle St. Florian spazieren. Erbaut wurde das Hospiz um 1200. Weil der Platz bei Weitem nicht für die zahlreichen Pilger ausreichte, wurde das Gebäude um 1300 erweitert. Es diente den Pilgern und Reisenden über viele Jahrhunderte auf dem Weg nach Rom als Herberge. Im Mittelalter reiste man meistens auf Schusters Rappen und deshalb lag das Hospiz genau eine Tagesetappe Fußmarsch von Bozen entfernt am Fuß des Madruttbergs, der heute zum Naturpark Trudner Horn gehört.

VON DER SCHLECHTEN LUFT »MAL ARIA« Die nächste Etappe führte anschließend weiter nach Trient, aber nicht immer konnte man dafür die Straße im Tal nutzen, manchmal musste man auf die Berge in Richtung Cembratal ausweichen. Vor über 500 Jahren war die Etsch nämlich noch nicht in ein hochwassersicheres Korsett verbannt. Regelmäßig gab es zum Teil schwerste Überschwemmungen

Im großzügigem Innenhof finden die meisten Veranstaltungen statt.

und die verwandelten das ganze Tal in eine sumpfige, schwer zugängliche Ebene. Gerade im Sommer eine gesundheitsgefährdende Gegend. Man vermutete, dass die feuchte Luft schlecht sei, denn immer wieder erkrankten Reisende und auch Einheimische an einem rätselhaften Wechselfieber. Erst viel später erkannte man, dass das Etschtal bis ins 18. Jahrhundert hinein Malariagebiet war und in den Etsch-Sümpfen der Ursprung für die gefährliche Krankheit lag.

1494: REGEN, REGEN UND NOCHMALS REGEN So auch im Jahr 1494, als der Nürnberger Maler Albrecht Dürer auf seiner ersten Italienreise auf dem Weg nach Venedig war und wegen Hochwasser in Neumarkt ausgebremst wurde. Er übernachtete wohl im nahen Hospiz Klösterle. Für seine Weiterreise musste er den Umweg über die Flanken des heutigen Nationalparks Trudner Horn in Kauf nehmen. Dabei verlief der Weg von Laag über Buchholz zum Sauchpass und den Heiligen See nach Cembra und wieder hinab zu den Erdpyramiden Segonzano. Sicher keine schlechte Ausweichroute, denn die wunderschönen Ausblicke auf das Etschtal und die umliegenden Berge waren bestimmt schöner als die Fahrt durch das feuchte, damals von Malaria verseuchte Etschtal. Das empfand der Künstler wohl auch, denn es entstanden auf diesem Umweg einige sehr schöne Aquarellbilder, die noch heute erhalten sind. Natürlich ist der 28 Kilometer lange Weg inzwischen touristisch erschlossen. Das Symbol dafür sind die wunderschönen Initialen AD, das Signum Dürers.

Gefundener Lichtblick

2009 wurde der Komplex saniert und vor allem der Innenhof umgestaltet. Jetzt gibt es während der Sommermonate in den ehrwürdigen Gemäuern Konzerte und Lesungen sowie Weinproben. Der einstige Pilgerort hat sich zu einem kulturellen Treffpunkt gewandelt. Nur wer eine Veranstaltung besucht, kann das Klösterle auch innen besichtigen. Von außen ist es frei zugänglich, auch der Blick in den großen Innenhof ist jederzeit möglich. Ganz in der Nähe gibt es die romanische Kirche St. Florian aus dem 11. Jahrhundert. Auch sie ist eine absolute Besonderheit.

23

KEIN WEIN IST GRATIS

Die Haderburg

Kurz bevor Südtirol ins Trentino übergeht, bewacht die Burg die Salurner Klause. Aus dem Tal scheint sie unerreichbar zu sein, zwischen den grauen Felsen ist sie schwer zu erkennen.

Haderburg **Ort** Trientstraße 53, 39040 Salurn **GPS** 46.235503, 11.206482 **Anfahrt** ÖPNV: Mit dem Zug nach Salurn, zu Fuß über die Etsch in den Ort und dann folgt der kleine Aufstieg zur Haderburg; Auto: Nach Salurn fahren, kleiner Wanderparkplatz am Südrand des Dorfes, danach weiter zu Fuß **Info** www.suedtirol.info oder www.zum18tenfass.it

Schier uneinnehmbar wurde die Haderburg auf einem Felssporn errichtet.

↑ Bis zu den höchsten Zinnen führen Treppen und Stege empor.
↗ Wohin man blickt, sind Felsen.

DIE LEGENDE VOM »18. FASS« Auf der Haderburg gibt es die Burgschänke »Zum 18. Fass« in Anlehnung an die Sage »Der alte Weinkeller bei Salurn« der Gebrüder Grimm, die von Salurn handelt. Man erzählt sich, dass Christoph Patzeber auf einer Fahrt nach Salurn die Ruine der Haderburg besuchte. Er fand eine unterirdische Treppe, die in einen gut gefüllten Weinkeller mit 18 Weinfässern führte. Als er vorwitzig den Wein probierte, war er von dem Geschmack völlig begeistert. Da entdeckte er auf einmal drei unheimliche Männer an einem Tisch mit einer Kreidetafel, die ihm jedoch versprachen, er dürfe so oft kommen, wie er wolle und sich einen Wein holen. Das ließ sich Patzeder nicht zweimal sagen, und er bediente sich das nächste Jahr des Öfteren kostenlos im Weinkeller. Auch seinen Nachbarn setzte er den Wein vor, die ihn gleich verklagten, denn sie waren sich sicher, dass Patzeder nicht auf rechten Wegen zu so einem köstlichen Wein kommen konnte. Unter Eid beschwor Patzeder seine Geschichte und wollte noch einmal den Weinkeller für Beweise aufsuchen. Aber er fand den Keller nicht mehr wieder. Stattdessen schlug ihn eine unsichtbare Hand nieder und betäubte ihn. Im Dämmerungszustand sah er die drei Männer, die wohl seine Rechnung fertig machten und als Endbetrag nur ein großes Kreuz auf ihre Kreidetafel malten. Christoph Patzeder schleppte sich schwer verletzt zurück nach Salurn. Den Besuch des Kellers und damit seine Weinzeche bezahlte er innerhalb von wenigen Tagen. Er starb schnell, geschwächt von den Ereignissen, und bis heute ist der Weinkeller nicht wieder aufgetaucht.

SCHNELLER AUFSTIEG Am südlichen Ortsausgang von Salurn gibt es einen Wanderparkplatz, den man gut für die kurze Wanderung zur Burg nutzen kann. Dafür folgt man für wenige Schritte der Trientstraße in Richtung Ortsmitte und biegt dann rechts, den Schildern zur Haderburg folgend, in die kleine Bergstraße ein. Jetzt beginnt der Aufstieg zur Burg. Man kann ihn gut und gerne als kurz, steil und saftig beschreiben. Einige kurzweilige Infotafeln weisen auf die Geschichte der Burg hin.

↑ Der Regenstein von Margreid liegt nur einen Katzensprung entfernt.
↗ An Aussichten geizt die Haderburg nicht.

UNRUHIGE ZEITEN Mitte des 12. Jahrhunderts waren unruhige Zeiten. Kaum hatte Papst Hadrian IV. Friedrich Barbarossa zum Kaiser gekrönt, als er ihn in einem Schreiben als seinen Vasallen bezeichnete. Damit konnte Friedrich auf keinen Fall einverstanden sein. Es drohte ein Konflikt, und der Papst wusste, wenn es zum Kampf käme, dann würde er als geistliches Oberhaupt verlieren. Das war nicht in seinem Interesse, und so sandte er zwei seiner vornehmsten Kurienkardinäle mit reichen Geschenken an den Kaiserhof nach Deutschland. Der Trientiner Fürstbischof Adalpret ließ es sich nicht nehmen, den Zug höchstpersönlich durch sein Territorium zu begleiten. Am Ausgang der Salurner Klause geschah dann das Unglaubliche: Von der Haderburg stürmten Ritter ins Tal und erschlugen die wenigen Bewacher des Zuges. Sie raubten die Schätze und setzten die päpstliche Delegation gefangen. Doch die Herren der Haderburg und mit ihnen die Grafen von Eppan, ihre Lehnsherren, hatten zu hoch gepokert. Der Kaiser schickte den Welfenherzog Heinrich den Löwen zu einer Strafexpedition nach Südtirol. Heinrich stürmte die Haderburg und zerstörte sie fast völlig. Später wurde die Haderburg zwar wieder aufgebaut. Nach vielen Besitzerwechseln gelangte die Haderburg im 17. Jahrhundert an die venezianische Familie Zenobio und verfiel zunächst, denn eigentlich brauchte man keine Burgen mehr. Durch Heirat ging die Burg an die Familie Albrizzi über, denen die alten Mauern immer noch gehören. Baron Ernesto

Rubin de Cervin Albrizzi kümmerte sich bis zu seinem Tod 2013 sehr um den Erhalt der Anlage – und das sieht man.

AUF DER SUCHE NACH DEN FÄSSERN

Am Burgtor betritt man das Areal. Treppen erleichtern den Aufstieg zum höchsten Punkt. Den sollte man sich nicht entgehen lassen. Erst oben erkennt man die wirklich geniale Lage der Burg, die einem Adlerhorst gleicht. Außerdem ergeben sich wunderbare Aussichten über das untere Südtiroler Etschtal bis ins Trentino. Den Weinkeller haben wir leider oder zum Glück nicht gefunden, dafür sitzt man dann umso gemütlicher in der Burgschänke im Innenhof. Verteilt zwischen Mauern und Vorsprüngen gibt es lauschige Sitzgelegenheiten neben einem plätschernden Brunnen. Der Rückweg führt über den Hinweg (Die Burgschänke hat ab Mai bis Ende Oktober geöffnet. Im Sommer Montag und Dienstag Ruhetag, im Herbst und im Frühjahr nur Freitag bis Sonntag geöffnet).

Noch ein Lost Place

Auf der anderen Talseite von Salurn liegt Margreid an der Weinstraße. Dort kann man den Regenstein besuchen. Das Naturdenkmal ist ein herrlicher Platz. Mit einem kleinen Schleierregen nieselt permanent Wasser über den hängenden Stein, der über und über mit Moosen und Flechten bewachsen ist. Der Sage nach sind die rieselnden Wassertropfen die Tränen eines Königs. Seine Tochter ist von einer Hexe in den Stein eingeschlossen worden. Darüber vergießt der Vater seine unzähligen Tränen, bis die Prinzessin eines Tages erlöst wird.

Kleine Skulpturen am Wegrand erzählen von der Geschichte der Burg.

Die Franzensfeste riegelte das ganze Eisacktal sicher ab (Kapitel 24).

EISACKTAL

Unvorstellbar, dass das einmal ein gemütliches Wellnessbad gewesen sein soll.

24

ES WAR EINMAL – DIE THERME AN DER AUTOBAHN

Brennerbad

Einst kurten Europas Adelige, Intellektuelle und Künstler im und mit dem warmen Thermalwasser am Brenner. Heute dümpelt das Wasser traurig und unbeachtet neben der Autobahn.

Brennerbad **Ort** SS12, Brennerstraße, 39041 Brenner **GPS** 46.976595, 11.482105 **Anfahrt** ÖPNV: Mit der Bahn zum Brenner, dann zu Fuß Richtung Gossensaß; Auto: Das alte Brennerbad liegt südlich des Brennerpasses an der SS12. **Info** www.autobrennero.it

EIN TRAURIGER ANBLICK Türe und Tore sind fest verschlossen, ein paar Fensterscheiben zerbrochen, der Holzbalkon zersplittert, altes Laub hat sich am Eingang gesammelt, und die bunte Farbe des einstigen großen Schriftzugs »Brennerbad« bröckelt von der Wand. Heute ist das ganze Gebäude ein einziges Trauerspiel und wirkt, eingezwängt zwischen Brennerautobahn, Brenner-Staatsstraße und der Eisenbahn, restlos verloren. Vom einstigen Glanz der vergangenen Tage ist nichts mehr übrig.

ÜBER JAHRHUNDERTE Man geht davon aus, dass bereits die Römer von einer Heil bringenden warmen Quelle am Brenner wussten, auch wenn ihre Hauptverkehrsader eher über den Reschenpass und damit durch das Vinschgau führte. Aber der uralte Alpenübergang wurde schon weit vor den Römern von vielen Völkern benutzt und war selbstverständlich als Pass bekannt. Ein Badebetrieb ist ab 1400 urkundlich belegt. Die ersten illustren Gäste stellten sich 1460 mit dem Tiroler Landesfürsten Sigismund dem Münzreichen ein, der sich zusammen mit seiner Gemahlin, Prinzessin Eleonore von Schottland, hier zu einer Badekur aufhielt. Bald nach dem Besuch des Paares wurde die Quelle jedoch verschüttet und erst 1606 von Zacharias Geizkofler wieder belebt. Er errichtete einige Badehäuser und gab der Quelle seinen eigenen Namen – Zacharias-Quelle – und zumindest der ist ihr bis heute geblieben.

VON MONDÄN UND WELTOFFEN ZUR RUINE Ab 1731 wurde der Badebetrieb von der Stadt Sterzing geführt und durch den Bau der Eisenbahn gewann der Kurort an Aufschwung. Um 1867 reisten jede Menge Künstler und Prominente, wie Henrik Ibsen, Johann Strauss und Franz Lehar, an, um in dem schwefel- und eisenhaltigen und fast 22

Zwischen Bahn, Brennerstraße und Autobahn eingeklemmt: ein echter Lost Place

Grad warmen Wasser von rheumatischen und bronchialen Erkrankungen geheilt zu werden. Die gesunde Bergluft tat ihr Übriges, die vielen Lungenkrankheiten zu kurieren, die damals aufgrund der beginnenden Industrialisierung unter weiten Teilen der Bevölkerung herrschten. Der Bädertourismus nahm am Brenner stark zu, und so wurde 1902 ein prunkvolles Grand Hotel mit 150 Zimmern und allem erdenklichen Luxus eröffnet. Zu seinen besten Zeiten kamen über 1200 Gäste ins Brennerbad, aber dann brachte der Erste Weltkrieg die Kurstätte zum Erliegen. Als dann auch noch 1922 das Grand Hotel einem Großbrand zum Opfer fiel, blieb von der einstigen Pracht nicht mehr viel übrig. Zwar versuchte man das Bad noch einmal zu beleben, es wurde ins nahe Geizkofler Haus verlegt, aber das endgültige Aus kam in den 1960er-Jahren, als die Brennerautobahn gebaut wurde. Dafür musste Platz geschaffen werden, und so ist heute aus den Glanzzeiten nur noch die alte Kapelle übrig. Daneben befindet sich das einstige Hotel, mit dem man versucht hat, die Kur noch einmal aufleben zu lassen. Heute sieht man nur noch den durch ein eisernes Gitter versperrten Zugang zum Quellstollen. Davor sickert aus einem Überlaufrohr ein Teil des Thermalwassers in ein wenig appetitliches Becken voller Algen. Unweit davon hat jedoch eine neue Firma die Rechte am Wasser erhalten und füllt dort nun das Sanct-Zacharias-Wasser ab.

Und dazu noch die Hausnummer 13, ob das ein schlechtes Omen war?

Noch mehr Lost Places

Nördlich des Brenner Thermalbads liegt die Grenze zwischen Österreich und Italien. Egal, wie sehr man sich bemüht, diesen Ost durch Shopping Malls zu beleben, der ganze Brenner wirkt einfach wie ein Lost Place schlechthin: Grenzübergang, Schienenverkehr und Bahnhof, Lastwagen und Stellplätze, alte Wohnblöcke und Zollstation, Parkhäuser und Souvenirläden, Bars und Imbissbuden sowie viele Schilder, Zäune und Stacheldraht, besser wird es nicht. Neben seiner langen Geschichte kann der Brenner zumindest auf unzählig viele Reisende blicken, die vor allem eines im Sinn haben: schnellstmöglich von dort wegzukommen. Doch es ist schon fast wieder kultig, hier seinen ersten Cappuccino auf dem Weg in den Süden zu trinken.

Zumindest die Kapelle steht noch, auch wenn sie verschlossen und verriegelt ist.

25

EISENBAHNRELIKTE AN DER ALTEN BRENNERBAHN

Bahnstation Schelleberg

Die alte Bahnlinie über den Brenner nach Süden führte über den Bahnhof Schelleberg und die berühmte Wendeschleife nach Gossensaß. Der Bahnhof und fast die ganze Strecke sind heute nur noch Zeitzeugen vergangener Tage.

Bahnhof Schelleberg **Ort** Bahnhof Schelleberg, 39041 Brenner **GPS** 46.946500, 11.447232
Anfahrt ÖPNV: Mit dem Zug nach Gossensaß, weiter zu Fuß auf dem Eisacktalradweg hinauf zum ehemaligen Bahnhof; Auto: Mit dem Auto nach Gossensaß und dann ebenfalls zu Fuß weiter, der Bahnhof ist nicht direkt mit dem Auto erreichbar. **Info** www.gossensass.org

Es steht ein Bahnhof in weiter grüner Flur.

LOST PLACE AN DER RADSTRECKE In großen Lettern steht immer noch Moncucco und Schelleberg auf dem blauen Bahnhofsschild. Wie es sich in Südtirol gehört, in zwei Sprachen. Die Fenster sind zerbrochen, die Türen aus der Angel gehoben und die Gebäude mit Graffiti besprüht. Den vielen Flaschen nach wurden im Inneren wohl einige Partys gefeiert, und im Windhauch der geöffneten Tür flattern die letzten Dokumente und Zugpläne durch den Raum am Bahnsteig. Gleise sucht man vergebens, stattdessen führt der Eisacktalradweg direkt am Bahnhof vorbei. Wenn nicht gerade ein paar Fahrrad-Enthusiasten auf der Bahntrasse unterwegs sind, ist es völlig still an der einsamen Bahnstation. Die liegt nämlich außerhalb des Ortes, in Alleinlage am Hang oberhalb von Gossensaß.

Protokolllisten über Zugverspätungen bedecken den Boden in der Schalterhalle.

ASTER TUNNEL UND PFLERSCHTUNNEL Der Bahnhof samt Nebengebäude stammt aus dem 19. Jahrhundert und wurde von Architekt Wilhelm von Flattich gebaut. Bis zum Jahr 1978 stoppten hier die Regionalzüge, danach passierten die Züge, genauso wie an der Station Brennerbad, nur noch den Bahnhof. Auf dem weiteren Streckenab-

Die blauen Bahnhofsschilder findet man noch heute in ganz Italien.

Ohne die Graffiti mag der Bahnhof früher sehr hübsch gewesen sein.

Müll, Vandalismus und Chaos setzen dem Bahnhof zu.

schnitt in Richtung Süden mussten dann alle Züge zumindest bis 1999 durch den Aster Tunnel. Er war eine Besonderheit auf der Brennerbahnstrecke. Um den steilen Abschnitt zwischen dem Brenner und Gossensaß bewältigen zu können, führte die Bahnlinie zunächst nach Westen in Richtung Pflerschtal, nur um dann, im Aster Tunnel, in einer steilen Kurve die Richtung zu wechseln. Solche Tunnel werden deshalb auch Kehrtunnel genannt, denn die Züge folgen damit einer Serpentine und vollführen fast einen Kreis. Grund für die Schließung war die geringe Geschwindigkeit, mit der man die Kehrtwendung vollziehen musste. Außerdem gab es hohe Instandhaltungskosten, denn die Strecke zwischen Schelleberg und dem Tunnel war immer wieder durch Felsstürze gefährdet. Am 14. November 1999 passierte der letzte Zug den Bahnhof, dann wurde der neue Pflerschtunnel eingeweiht, in dem die Züge heute verkehren. Er führt kurz hinter dem Brenner, ungefähr da wo das alte Brennerbad liegt, in den Berg und verläuft nun völlig unterirdisch etwas nördlich der alten Strecke.

Gefundene Lichtblicke

Kein Lost Place, eher ein Secret Place ist das zauberhafte Pflerschtal, das bei Gossensaß nach Westen abzweigt. Dieses kleine Seitental am Fuß des Tribulaun ist ein echter Geheimtipp. Touristisch schon erschlossen, aber trotzdem weitgehend unbekannt, kann man im Pflerschtal noch einen wunderschönen Bergurlaub verbringen. Satte Almwiesen, felsige Gipfel, tiefblaue Bergseen, rauschende Wasserfälle und nur wenige Dörfer. Das Pflerschtal ist ein echter Lichtblick für alle die, die es ruhiger mögen.

Heute steht ein Hotel an der engen Stelle des Kampfplatzes.

26

VON DER SCHLACHT ZUM BRENNERBASISTUNNEL

Die Sachsenklemme

Asterix gegen die Römer, diese Geschichte kennt man. Die Tiroler kämpften gegen Napoleon und siegten an der Sachsenklemme. Nur zerstört heute der Tunnel das Tal.

Sachsenklemme **Ort** Sack 1, 39045 Franzensfeste **GPS** 46.814848, 11.543739 **Anfahrt** ÖPNV: Mit dem Zug nach Franzensfeste, weiter mit dem Bus Richtung Sterzing, Haltestelle Grasstein; Auto: Auf der Brennerstaatsstraße Richtung Süden, die Sachsenklemme liegt zwischen Mauls und Franzensfeste. **Info** www.sachsenklemme.it

Zu Ehren der Tiroler Gefallenen wurde ein Denkmal errichtet.

DIE VORGESCHICHTE Der amüsanten Comicgeschichte nach kämpfte Asterix mit seinen Freunden gegen die Weltmacht Rom. Das gleiche mussten die Tiroler versuchen. Denn gut 18 Jahrhunderte später hieß die Weltmacht Napoleon, der fast ganz Europa unterworfen hatte. Während Asterix ein durchaus erfolgreiches Fantasieprodukt ist, war Napoleon Realität. In wenigen Jahren hatte er die wichtigsten Länder Europas unter seine Herrschaft gebracht. 1805 musste dann das Land Tirol aus Kriegsgründen an das mit Napoleon verbündete Bayern abgetreten werden. Damit waren die Tiroler, deren Rechte stark eingeschränkt wurden, überhaupt nicht einverstanden. Sie leisteten Widerstand. In drei Schlachten am Berg Isel errangen die Tiroler drei Siege gegen die bayerisch-französischen Truppen.

DIE SACHSENKLEMME Kurz vor der dritten Schlacht am Berg Isel schickte der französische Marschall François-Joseph Lefebvre am 4. August 1809 eine Vorhut Richtung Süden. Bei einer Talenge zwischen Sterzing und Brixen, die früher »Im Sack« hieß, hatten die Tiroler den Weg versperrt. Man versuchte sich mit allen Mitteln den Weg freizukämpfen und schickte ein Regiment sächsischer und thüringischer Hilfstruppen voran. Sie wurden in der schluchtartigen Enge von Ti-

↓ Der »Sachsenstein« steht südlich der Sachsenklemme bei Oberau.
↘ Die Kapelle St. Anna steht hinter dem heutigen Hotel.

roler Standschützen vollkommen überwältigt. An dieser Stelle ist das Tal nämlich besonders schmal und muss sich den Platz noch mit der Eisack teilen. Die findigen Tiroler kannten ihr Terrain und warfen von oben Baumstämme, Steine und Geröll in die Schlucht und lösten damit eine Lawine aus.

Die Gedenksäule ist ein wichtiger historischer Ort an der Brennerstraße.

Viele sächsische Soldaten, man spricht von ungefähr 500, kamen dabei ums Leben. Lefebvre musste sich mit dem Rest seiner Truppen nach Innsbruck zurückziehen. Die Tiroler konnten einen kleinen Sieg über den übermächtigen Kaiser Napoleon für sich verbuchen, später den großen dritten am Berg Isel. Fortan wird die Talenge »Sachsenklemme« genannt.

OBELISK, KAPELLE, HOTEL UND NEUERDINGS BRAUEREI Knapp 100 Jahre später wurde zur Erinnerung an das Geschehen ein Obelisk errichtet. Direkt neben der Kapelle St. Anna im Sack, die aus der Zeit um 1512 stammt. Beide befinden sich hinter dem Hotel Sachsenklemme, das mit seinen rot-weiß-roten Fensterläden und den wuchtigen Steinmauern an eine Burg erinnert und direkt an der Brennerstaatsstraße gebaut wurde. Seit Neuestem gibt es neben dem historischen Hotel eine moderne Brauerei mit einem netten Gastgarten, der Richtung Eisack liegt und somit völlig verkehrsberuhigt ist. Der Name der kleinen AH Biobrauerei ist zum Gedenken an Andreas Hofer, den großen Tiroler Freiheitskämpfer, der zwar maßgeblich an den Schlachten am Berg Isel beteiligt, aber am Geschehen an der Sachsenklemme nicht wirklich involviert war. Dafür müsste sich die Brauerei PM nennen. Der Name steht für Peter Mayr, ebenfalls ein Freiheitskämpfer und Wirt, wie Andreas Hofer, nur nicht ganz so bekannt.

Noch mehr Lost Places

Etwas südlich der Sachenklemme steht in Oberau neben der Brennerstaatsstraße der Sachsenstein. Er ist kaum mehr zu finden, denn hier wird im großen Stil gebaut. Durch den Brennerbasistunnel ist das ganze Tal nicht wiederzuerkennen. Es gleicht einem Lost Place mit seinen großen Schutthalden, den enormen Erdbewegungen und den vielen Containern für die Arbeiter. Der Gedenkstein erinnert an die gefallenen Sachsen und liegt neben einem längt verlassenen Bauernhof hinter einem Parkplatz.

Neben dem Hotel liegen die moderne Brauerei und der Gasthof, ein Stopp lohnt sich.

27

OHNE FEIND UND GOLD ZUM LANDESMUSEUM

Franzensfeste und seine Festung

Entlang der Brennerstraße, am Franzensfester Stausee, versperrt eine riesige Festungsanlage das Eisacktal, die zum Glück nie belagert wurde.

Franzensfeste **Ort** Brennerstraße, 39045 Franzensfeste **GPS**: 46.777154, 11.627767
Anfahrt ÖPNV: Nach Franzensfeste/Ort mit dem Zug, weiter mit dem Bus zur Festung; Auto: Auf der Brennerlandstraße liegt die Festung etwas südlich des Ortes Franzensfeste am gleichnamigen Stausee. Parkplätze vorhanden
Info www.brixen.it und www.franzensfeste.info

Von den Aussichtsemporen der Festung erkennt man, dass sich diese über mehrere Ebenen im Tal verteilt.

UNBEDINGT ANHALTEN Hundertmal fährt man auf dem Weg in den Süden daran vorbei und hält nie an. Das sollte man dringend ändern. Die beeindruckende Franzensfeste, eine der stärksten Wehranlagen des Alpenraums, lohnt eine Abfahrt von der Brennerautobahn. Statt Munition gibt es heute Kunst in dem Labyrinth der verschachtelten Gebäude.

BASTION IM EISACKTAL Der Verteidigungsbau Franzensfeste besteht aus mehreren Komplexen, die auf unterschiedlicher Höhe das ganze Eisacktal bewachen. Mehrere Mauerringe sichern das gigantische Gebäudelabyrinth. Verbunden durch unzählige, zum Teil unterirdische Gänge, Treppen und Verbindungsgänge, ist das ein einziger Irrgarten. Die Bauarbeiten zu der 20 Hektar großen Anlage begannen 1833 unter Kaiser Ferdinand I. und dauerten fünf Jahre. Zu Ehren seines Vaters Kaiser Franz I. von Österreich, der die Anlage von General Franz von Scholl planen ließ, nannte man sie Franzensfeste. Ihre Aufgabe bestand darin, die Straße zwischen dem aus Innsbruck kommenden Wipptal über den Brenner ins Südtiroler Eisacktal zu sichern. Zu gut hatte man das Eindringen der napoleonischen Truppen unter General Lefebvre 1809 an der Sachsenklemme noch im Gedächtnis (siehe Kapitel 26).

Einige dunkle Verbindungsgänge wurden direkt in den Felsen geschlagen.

Heute beeindrucken auch die modernen Architekturkonstruktionen der Festung.

anlagen noch einmal kräftig ausgebaut wurden. So gut gerüstet wurde die Anlage zum Ende des Krieges als Depot für Raubgüter benutzt, darunter die legendären Goldreserven der Banca d'Italia. Im Mai 1945, als die Amerikaner der 85. Division die Festung durchsuchten, fanden sie in unauffälligen Holzkisten 24 Tonnen Gold eingelagert. Heute ein Wert von ungefähr 1,3 Milliarden US-Dollar, aber nur ein Teil dessen, was man insgesamt in Franzensfeste versteckt vermutete. Um die fehlenden italienischen Goldbestände, die man nur teilweise an anderen Orten gefunden hat, spinnen sich viele Gerüchte, aber das macht den Besuch nur umso spannender.

DOCH EIN FRIEDLICHER PLATZ Der riesige Gebäudekomplex wurde jedoch zum Glück nie in kriegerische Auseinandersetzungen verwickelt, weder im Ersten noch im Zweiten Weltkrieg, auch wenn unter dem faschistischen Regime Mussolinis die Bunker-

KUNST STATT WAFFEN Bis 2003 war das ganze Areal militärisches Sperrgebiet und diente dem italienischen Heer als Kaserne. Jetzt gehört es der Provinz Südtirol, die es in ein Landesmuseum umwandelte. Waren zuvor in den Räumen Waffen und Munition ge-

Selbst im Hochsommer bleibt es in den alten Kasematten kühl.

Die Franzensfeste präsentiert sich verwinkelt und verschachtelt.

lagert, so ist es heute ein riesiges Kunstareal. Biennalen finden statt, es gibt wechselnde Ausstellungen mit zeitgenössischer Kunst. Aber vor allem ist es ein Ort der Begegnung. Seit einigen Jahren gibt es eine weitere Dauerausstellung und einen Informationspunkt zum Großbauprojekt Brennerbasistunnel (Täglich von Mai bis Oktober werden um 11 Uhr und um 15 Uhr Führungen angeboten, diese dauern in der Regel 1,5 Stunden. Festes Schuhwerk ist angebracht, denn es geht viele Treppen rauf und runter).

Noch mehr Lost Places

Zwischen Franzensfeste und Brixen liegt das Apfelplateau Natz-Schabs. Kaum einer weiß, dass sich hier nach dem Zweiten Weltkrieg ein Stützpunkt des US-Militärs befand. Auf dem NATO-Areal lagerte man sogar von 1967 bis 1983 Atomwaffen. Die Anlage wurde 1991 aufgegeben und die 11th Field Artillery Detachment zog ab. Mittlerweile gehört das ehemalige Militärgelände der Südtiroler Landesregierung, die es an die Gemeinde Natz-Schabs übertrug. Bei einer Erkundung, am besten verbunden mit einer wunderschönen Wanderung durch die Apfelhaine, erkennt man noch den hohen alten Wachturm und ein paar Betongebäude, die mit einem halbverfallenen Zaun gesichert sind. Auf dem Privatgelände findet jährlich das legendäre Alpen Flair Festival statt, jetzt gibt es Überlegungen, darauf einen Speichersee anzulegen und ein Naherholungsgebiet zu schaffen.

Auch die Verbindungsstraßen der Römer führten über Elvas.

28

GESCHICHTLICHE SPUREN AUF ALTEN WEGEN

Archeopfad Brixen

Bei einer Wanderung auf dem Archeopfad von Brixen hinauf nach Elvas trifft man auf viele Spuren längst vergangener Tage: Wallburg, Schalenstein, Hexenrutsche und alte Mauern.

Archeopfad **Ort** Adlerbrücke 39052 Brixen **GPS** 46.716908, 11.658921 **Anfahrt** ÖPNV: Mit der Bahn nach Brixen; Auto: Mit dem Auto nach Brixen, großer Parkplatz am Schwimmbad Aquarena **Info** www.brixen.org

ZWEITAUSEND JAHRE UND MEHR Startplatz für die Wanderung (2,5 Std., knapp 300 hm) ist Brixen, eine der ältesten Städte im Eisacktal. Als jahrhundertealter Bischofssitz strahlt der Ort aus jeder Gasse und von jedem Platz eine Ehrwürdigkeit aus. In Brixen queren wir die Adlerbrücke, die die Altstadt am Hotel Goldener Adler mit dem östlichen Eisacktalufer und damit mit dem Ortsteil Stufels verbindet. Dort finden wir das erste Wanderschild zum Archeopfad (Nr. 10), wir folgen dem Weg zwischen den Häusern aufwärts. Der Archeopfad wurde vor einigen Jahren angelegt, um die mannigfaltige Geschichte zu zeigen, von der es oft nur noch wenige Spuren und Hinweise gibt. Denn schon vor mehr als 2000 Jahren legten die Römer Handels- und Transportwege an. Sie erkannten die klimatisch begünstigte Lage der Hügel unterhalb des heutigen Elvas, wo sie Getreide-, Wein- und Obstanbau betrieben. Aber sie waren nicht die Ersten.

SCHALENSTEINE Weiter oben treffen wir auf die Reste einer mit Palisadenzäunen befestigten Wallburg, die auf eine bronzezeitliche Siedlung hinweist. Bis wir sie erreichen, geht es zunächst noch durch die Häuser. Wenn wir der Rechtskurve nach dem Biolandbetrieb Marxenhof folgen, lichtet sich langsam die Bebauung. Dann queren wir noch einmal die Elvasstraße, und schon wandern wir durch Apfelhaine und Weinfelder. Vorbei am Buschenschank Guggerhof, wechseln wir auf den nach Elvas beschilderten Wanderweg Nr. 1. Alte Felsmauern, alle mühsam von Hand errichtet, begleiten den Weg. Langsam nähern wir uns der Pinatzhöhe oder dem Pinatzbühel, wie ihn die Einheimischen nennen. Ein Abstecher nach links führt uns zum Bildstein von Elvas, einem reichhaltig verzierten und sagenumwobenen Schalenstein. Die genaue Bedeutung dieser Steine ist bis heute nicht geklärt, sie geben immer noch Rätsel auf. Zurück auf

↓ Glatt poliert ist die Hexenrutsche, sie wird wohl immer noch benutzt.

↘ Aussichtsturm über Brixen

dem Hauptweg erreichen wir nun am Fuß der Pinatzhöhe eine Wegeverzweigung.

PINATZHÖHE MIT WETTERKREUZ Hier biegen wir links ein und umrunden den Hügel auf seiner Südseite, also in gleicher Richtung wie zuvor beim Abstecher zum Schalenstein. Jetzt erreichen wir den Aussichtsturm, der einem römischen Wachturm nachempfunden wurde. Weiter geht es in Wanderrichtung und wir erreichen den nachgebauten Wall der einstigen bronzezeitlichen Siedlung. Mit ein paar wenigen Schritten nach rechts können wir noch zum »Gipfel« der Pinatzhöhe aufsteigen. Er ist mit einem Wetterkreuz markiert. Diese Kreuze findet man oft an auffallenden Stellen hoch über dem Tal. Man erkennt sie an den drei Querbalken. Sie sollen das umliegende Land segnen und vor Unwetter bewahren.

ELVAS Nun steigen wir hinab und erreichen dann links haltend das kleine Dorf Elvas. Es liegt am Beginn des Apfelplateaus, wie die Gegend mit den Nachbargemeinden Natz und Schabs gern bezeichnet wird. Im Hofschank Maratscher können wir einkehren, ansonsten richten wir uns nach der kleinen Kirche. Hier beginnt unser Abstieg.

RÖMISCHER STANDARD Am Parkplatz kurz vor der Kirche halten wir uns am Bildstock links und gehen dann rechts auf die Kirche zu. Unmittelbar davor beginnt links abwärts ein Wanderweg (Nr. 2), ein alter römischer Verbindungsweg. Infotafeln sowie die Nachbildung eines historischen Streitwagens informieren darüber. Kurz danach queren wir die Autostraße und folgen weiter dem abwärts führenden Wanderweg. In der Linkskurve können wir noch rechts einen Abstecher zur Hexenrutsche, einer Fruchtbarkeitsrutsche, unternehmen. Ansonsten folgen wir dem nach Brixen ausgeschilderten Weg und wandern bald wieder entlang an aufgeschichteten Steinmauern. Wir nähern uns den Häusern von Stufels, die wir schließlich durch einen wildromantisch überwucherten Hohl-

Der nachgebaute Wall zeigt die Besiedlungsepoche der ersten Siedler.

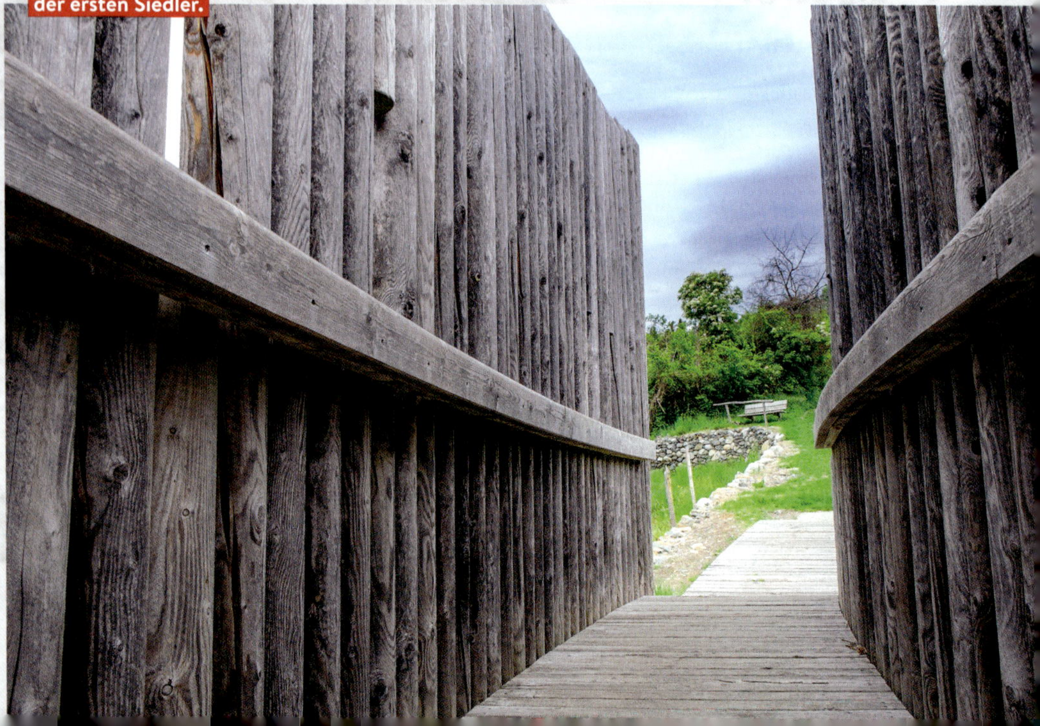

David und Goliath im Kreuzgang von Brixen: klar, einer überlebt den Kampf nicht.

weg erreichen. Weiter in Wanderrichtung treffen wir dann auf die Stelle, die wir vom Hinweg bereits kennen. Jetzt geht es auf dem bekannten Weg zurück nach Brixen.

Das besondere Erlebnis

In Brixen sollte man unbedingt den Kreuzgang besichtigen. Er ist überreich mit Fresken ausgeschmückt. Manche davon sind kindlich naiv und gleichzeitig sehr nett, andere zeigen jedoch auch einige grausige Szenen, vor allem aus dem Alten Testament. Da wird ein Makkabäer von einem Elefanten niedergetrampelt, Jona wird vom Wal verschlungen und einige Monster und Dämonen drohen dem Besucher.

Die Schalensteine sind nicht immer leicht zu entdecken.

29

GEHEIMNISVOLLER PLATZ DER PILGERSTÄTTE

Latzfonser Kreuz

Die höchste Wallfahrtskirche Südtirols wurde nicht ohne Grund gebaut. Zuvor mussten die Menschen hungern und um ihre Existenz bangen.

Kirche Latzfonser Kreuz **Ort** Wanderparkplatz Kasereck, 39043 Latzfons **GPS** 46.675423, 11.499856 **Anfahrt** ÖPNV: Nach Klausen mit dem Zug, weiter mit dem Bus nach Latzfons. Von dort gibt es in den Sommermonaten einen Wanderbus zum Parkplatz Kasereck. Meist nur zweimal die Woche; Auto: Von Klausen nach Latzfons. Den Ort durchqueren und nach dem Ortsschild links der Beschilderung nach Kasereck weitere 9 Kilometer auf einer sehr schmalen Höfestraße den Berg hinauf folgen **Info** www.klausen.it

Das Latzfonser Kirchlein hat wirklich einen besonderen Platz.

DREIMAL NEIN Das Latzfonser Kreuzkirchlein entstand durch eine Wallfahrt, als um 1700 drei Sommer lang Unwetter die gesamte Ernte im Tal zerstörten. Der Latzfonser Dorfpfarrer vermutete Gottes Zorn, weil seine Dörfler irgendwo in der Gemeinde ein Christusbild vernachlässigt hätten. Er ließ fieberhaft danach suchen und man fand im hintersten Winkel der Totenkapelle ein vergessenes Kreuz. So alt und verstaubt, dass Christus völlig schwarz war. Dieses Kreuz schleppten die Latzfonser hoch auf den Berg, um den Himmel gnädig zu stimmen und Segen für das Land zu erbitten. Der Legende nach soll der Schwarze Herrgott über die ersten Standorte am Berg nicht einverstanden gewesen sein. Dreimal schüttelte sich der Kopf der Holzskulptur und zeigte damit seinen Unmut über den ausgewählten Platz. Erst ganz oben unter der Kassianspitze blieb das Kreuz still und so fand man den richtigen Platz für den Bau einer Kapelle. Und von da an waren die Unwetter erst einmal vorbei.

Nur wer von der Wallfahrtskirche noch zur Kassianspitze aufsteigt, passiert dabei den Kassiansee.

LATZFONSER KIRCHLEIN Der Platz mit der kleinen Kirche zwischen den Steinen unterhalb des Gipfelaufbaus der Kassianspitze ist wirklich magisch. Bis heute ziehen jede Menge Pilger und Wanderer zum Gotteshaus auf den Berg. Dazu wird das Gnadenbild, im Gedenken an die erste Aufstellung, alljährlich bei einem Bittgang am vorletzten Samstag im Juni in einer Prozession vom Dorf Latzfons hierhergebracht. Im Winter darf der Schwarze Herrgott dann wieder ins Tal. Aber auch unter dem Jahr finden viele Bittprozessionen und Messfeiern im kleinen Gotteshaus statt. Vor allem am Sonntag rund um den 22. Juli, dem Magdalena-Tag, wird jedes Jahr der Kirchtag ganz groß gefeiert.

OHNE FUSSMARSCH WIRD DAS NICHTS Um die Kirche zu besuchen, muss man zu einer rund dreistündigen Bergtour aufbrechen. Vom Wanderparkplatz Kasereck führt der Weg Nr. 15 (Latzfonser Kreuz) bergauf. Schnell erreicht man die Baumgrenze. Es wird flacher und unser Almweg windet sich über weite Almwiesen in einem Bogen aufwärts. Nach insgesamt einer knappen Stunde trifft man auf den europäischen Fernwanderweg E10, der nach rechts über das Wegkreuz »Kesselbild« zur Wallfahrtskirche führt. Das Ganze begleitet von grandioser Aussicht über das Eisacktal nach Osten auf die gewaltige Bergkette der Dolomiten.

Das besondere Erlebnis

Ein Highlight unweit von Latzfons liegt im Dorf Feldthurns. Das Schloss Velthurns, die ehemalige Sommerresidenz der Brixener Bischöfe, besitzt eine hervorragende Renaissance-Ausstattung. Die Wände und Decken sind kostbar vertäfelt und mit Bildzyklen aus der Heiligen Schrift und der griechischen Mythologie versehen. Die Bischöfe hatten nicht nur Kunstsinn, sondern auch die Mittel (Mitte März–Mitte Nov.).

Das alte österreichische Sperrfort Tra i Sassi am Valparolapass ist heute ein Museum (Kapitel 35).

PUSTERTAL UND DOLOMITEN

30

VERGÄNGLICHE SCHÖNHEITEN DER NATUR

Erdpyramiden von Percha

Erdpyramiden sind ein Naturphänomen, auf das man in Südtirol mehrmals treffen kann. Aber keine sind so schön und gleichzeitig so vergänglich wie die in Percha bei Bruneck.

Erdpyramiden Percha **Ort** Wanderparkplatz, Oberwielenbach **GPS** 46.805035, 12.019452 **Anfahrt** ÖPNV: Mit dem Bus von Bruneck nach Percha. Dort weiter mit dem Bus nach Wielenbach, Haltestelle Erdpyramiden; Auto: Von Bruneck weiter nach Osten ins Pustertal fahren. In Percha links aufwärts nach Wielenbach. Den Weiler auf der Straße durchqueren und bis zum zweiten Wanderparkplatz P1/Erdpyramiden fahren (falls der schon voll ist, parkt man doch am ersten Parkplatz). **Info** www.pustertal.net

Zart und zerbrechlich sowie bedrohlich instabil: das ist der Verfall der Pyramiden.

VIELE ZUTATEN SIND NÖTIG Die Voraussetzung für Erdpyramiden sind feinkörnige Erden oder Lehm und eine Hanglage. In Kombination mit Dauerregen, Auswaschungen und Erdrutschen, gepaart mit Schneeschmelze und weiteren Erosionen, ergeben sich nach vielen Jahrzehnten die kunstvollen Erdpyramiden. Die Erdpyramiden von Percha unweit von Bruneck entstanden ebenfalls nach mehreren Erdrutschen. Der erste zerstörte im 19. Jahrhundert einen Karrenweg, der damals den Weiler Aschbach mit dem Thalerhof verband. Er wurde nicht mehr befestigt und so konnte ein großes Unwetter im Jahr 1882 den Graben noch viel weiter aufreißen.

DIE NATUR SCHAFFT DIE GRÖSSTEN WUNDER Seitdem nagt und sägt die Natur durch Auswaschungen immer mehr Furchen aus dem Hang und hinterlässt spektakuläre Säulen, die Erdpyramiden. Diese entstehen, weil sich im lockeren Boden auch einige größere Steine befinden. Diese Decksteine schützen wie ein Schirm die wundersamen spitzen, oft meterhohen Säulengebilde, bis der Zahn der Zeit dann doch so sehr an ihnen nagt, dass sie zusammenbrechen. Dann geht alles ganz schnell. Ohne den Schutz braucht es nur wenige Regengüsse, und von der steinernen Säule ist nichts mehr übrig. Der Stein jedoch rollt an eine andere Stelle, schützt dort einen neuen Erdbereich, und das wundersame Spiel beginnt erneut. Eine kleine Pyramide entsteht, die durch verschiedene Wettereinflüsse scheinbar in die Höhe wächst. Ein Vorgang, der viele Jahrzehnte dauern kann. Aber nur so bilden sich immer neue faszinierende, zerbrechliche und vergängliche Kunstwerke. So einmalig schön, wie sie nur die Natur erschaffen kann.

Skulpturen am Wegrand gestalten die Wanderung kurzweilig.

WANDERUNG ZU DEN ERDPYRAMIDEN

Unweit von Bruneck im Pustertal kann man mit dem Bus oder dem Auto in den Ort Wielenbach fahren. Er ist Startplatz für die zweistündige Wanderung (5,5 km, 250 hm) zu den Erdpyramiden, die man nur zu Fuß erreicht. Am Parkplatz »Erdpyramiden« ist der Beginn des Themenwegs. Durch den Wald steigt der Weg an, die Informationstafeln sorgen für Abwechslung. Am Ende führt der Weg entlang einer Almwiese zu einer Bergstraße. Von dort sind es nur noch wenige Schritte nach links, und man erreicht die Erdpyramiden von Percha. Als Alternative für den Rückweg folgt man der Bergstraße und wechselt dann auf den Wiesenweg 16A, um zum Gasthof Schönblick abzusteigen. Weiter folgt man der Zufahrtsstraße nach Platten und verlässt sie dann links auf einen Wanderweg, der nach Oberwielenbach ausgeschildert ist. An einem einsamen Bauernhof sind wir am Ortsrand und wandern über das Pyramidencafé zurück.

Das besondere Erlebnis

Bruneck, die heimliche Hauptstadt des Pustertals, verdient einen längeren Besuch. Die Stadt liegt am Fuß des Kronplatzes. Ihre Geschichte beginnt mit dem Schloss, das ab 1250 durch Bischof Bruno von Kirchberg errichtet wurde. Diese Burg wacht immer noch über der Stadt und beherbergt heute eines der Messner Mountain Museums. Unterhalb des Burgbergs schmiegen sich entlang der Stadtgasse die Bürgerhäuser aneinander. Es ist die Flanier- und Einkaufsmeile von Bruneck. Zwischen den beiden Stadttoren laden kleine Geschäfte mit typischen Südtiroler Produkten, gemütliche Cafés und Bars zum Verweilen ein. Nicht vergessen sollte man einen Besuch des nahen Freilichtmuseums Dietenheim, in dem viele historische Bauernhäuser vor dem Abriss gerettet wurden.

31

DREI BRÜCKEN UND NOCH MEHR REISENDE

Alte Rasner Brücke

Er baute am Suezkanal mit und konstruierte die Rasner Brücke: Ritter Negrelli von Moldelbe.

Rasner Brücke **Ort** Pustertaler Straße, 39030 Rasen-Antholz **GPS** 46.774671, 12.030107 **Anfahrt** ÖPNV: Mit dem Zug nach Olang-Antholz, von dort am besten zu Fuß weiter; Auto: Die Rasner Brücke liegt direkt an der SS49, der Pustertaler Staatsstraße, kurz vor der Abzweigung ins Antholzer Tal. **Info** www.antholzertal.com

Heute fährt kein Auto mehr über cdie mehrbogige Rasner Brücke

HISTORISCHE VERBINDUNGEN Das Pustertal war eines der großen Verbindungstäler Südtirols. Es führte vom Eisacktal in östlicher Richtung zum Drautal, dem heutigen Osttirol. Schon die Römer nutzten diesen Weg und nach ihnen viele Truppen, Händler und Reisende. Durch das Pustertal fließt in westlicher Richtung die Rienz, früher ein unberechenbarer und ungehaltener Gebirgsfluss, der oft für Überschwemmungen sorgte. So wurden die Verbindungswege meist entlang der Hänge gebaut und nicht direkt im Tal, denn das war sumpfig und in weiten Teilen unpassierbar. Aber durch hinzuströmende Seitenbäche waren oft längere Umwege nötig, und so entpuppten sich schon

Es ist eine Zeitreise in die Vergangenheit des Straßenbaus.

Und schon wieder nagt der Zahn der Zeit an der Straße.

die Römer als hervorragende Brückenbauer, denn sie schafften es, vor 2000 Jahren an geeigneten Stellen gute Übergänge zu bauen. So auch im Pustertal unweit von Olang und Rasen. Dort vereint sich der Antholzer Bach mit der Rienz, und schon früh gab es hier eine erste Brücke.

AUSBAU DER STRASSEN 1764 veranlasste Kaiserin Maria Theresia den Ausbau der Pustertaler Verbindung, um den Postweg zu verkürzen. Dabei entstand die alte Holzbrücke, die über den Antholzer Bach führte. Aber keine 100 Jahre später forcierte Kaiser Ferdinand I. den Ausbau erneut, um für seine Truppen eine strategisch schnellere Verbindung von Wien nach Oberitalien zu schaffen. Dafür beauftrage er keinen geringeren als Ritter Negrelli von Moldelbe (1799–1858), einen der bedeutendsten Brückenbauingenieure für den Straßen- und Eisenbahnverkehr seiner Zeit. Negrelli war unter vielen anderen auch für den Bau des Suezkanals mitverantwortlich. Der Ingenieur ließ 1847 eine Steinbrücke mit vier großen Bogen errichten, die bis 2008 Bestand hatte. Bis dahin wurde die Straße sicherlich immer wieder aus- und umgebaut, um dem verstärkten

Für Radfahrer ist die Brücke auch nicht ideal, sie biegen zuvor zum Antholzer Bach hin ab.

Landschaftlich herrlich gelegen, ist die Brücke ein schönes Denkmal und wurde zum Glück von der Abrissbirne verschont.

Reisestrom und den Verkehrsanforderungen standzuhalten.

UNNÖTIG, ABER IMMER NOCH SCHÖN

Ab 1980 begann man die große Umgehungsstraße von Bruneck zu planen und in diesem Zuge wurde schließlich 2008 eine neue Brücke über den Fluss gebaut. Jetzt gibt es genau an der Stelle drei Brücken, die gleichsam als Sinnbild für all die vielen Reisenden stehen, die hier im Lauf der Jahrhunderte ihre Wege zogen. Die kleine Postbrücke aus Maria Theresias Zeiten steht immer noch, ebenfalls die von Negrelli konstruierte Steinbrücke, die auch Rasner Brücke genannt wird. Der jetzige Verkehr führt über die neue Brücke. Um die vergangene Zeit besser erlebbar zu machen, hat man die verschiedenen Brückenbeläge der jeweiligen Epochen sichtbar gemacht. Zur Zeit der Erbauung reiste man auf Kalkschotterbelag, es gab bereits Granitabwehrsteine und ein Holzgeländer. Aus der Zeit um 1938 stammt der erste Asphalt und natürlich hat man auch einen Rest des bis 2008 bestehenden Untergrunds belassen. So sind die Rasner Brücke und die Holzbrücke keine völligen Lost Places, denn sie bleiben erhalten, auch wenn man sie heute eigentlich nicht mehr braucht.

Noch mehr Lost Places

Die Rasner Brücke wurde im Zuge eines neuangelegten Themenwegs restauriert. Zwischen Mühlbach und Lienzer Klause in Osttirol wurden an zwölf Plätzen Informationstafeln zu Themen wie Tourismus, Alpenwall, Verkehrsaufkommen oder Post aufgestellt. Unweit der alten Rasner Brücke kann man so auch noch den Bunker Nr. 7 auf dem nahen Galgenbühel besuchen, ein Überbleibsel des unter Mussolini gebauten Alpenwalls (siehe auch Kapitel 11).

Je nach Verwitterungsgrad sind manche Inschriften kaum mehr zu lesen.

32

GEHEIMNISVOLLE SYMBOLE UND EIN WASSERFALL

Platterwand und Hexensteig

Alte Almsteige führen zur Platter Wand mit ihren rätselhaften Inschriften. Dabei ist der Weg an sich schon mystisch und gespickt mit vielen Sagen und Legenden.

Platter Wand **Ort** Bloßenberg 49, 39030 Ahrntal **GPS** 46.992227, 11.951610 **Anfahrt** ÖPNV: Mit dem Zug nach Bruneck, weiter mit dem Bus ins Ahrntal nach Steinhaus, dort ist Startplatz der Wanderung; Auto: Durch das Ahrntal nach Steinhaus fahren, Parkmöglichkeiten an der Talstation des Klausberglifts **Info** www.ahrntal.com

ALTE WEGE Im Ahrntal gibt es ein uraltes Wegenetz, das die Bergbauernhöfe miteinander verbindet und zugleich ins Tal führt. Die Steige über die »Sunsat« auf der nach Süden ausgerichteten Talseite sind geschickt gewählt und führen an vielen geheimnisvollen Landschaftspunkten vorbei. Darunter ein Wasserfall, der Hexensteig, und die mächtige Platter Wand, die mit ihren Felsritzungen jede Menge Rätsel aufgibt.

SO KOMMT MAN HIN Vom Ort Steinhaus führt hinter dem modernen Hotel Amonti ein kleiner Wanderweg über die Wiesen hinauf zu den Moarhöfen. Auf dem Weg dorthin gewinnt man an Höhe und überblickt das Ahrntal. Einige Holzskulpturen, die auf dem alljährlichen Ahrntaler Holzsymposium entstanden sind, säumen den Weg. Man erreicht die Mairhöfe, die auch Moarhöfe genannt werden. Hinter den Höfen steigt der Verbindungspfad weiter an. Zwischendurch trifft man auf eine Straße, hier wandern wir nach links zu den nächsten Bauernhäusern beim »Abfalterer«. Dahinter geht es auf einem Pfad mitten über die Wiesen zum Frankbach-Wasserfall. Der wilde Bergbach wird von den Gletschern der Zillertaler Alpen gespeist und saust hier über eine eindrucksvolle Steilstufe in die Tiefe. Ein echter Geheimtipp!

HÄNGEBRÜCKE, WAALWEG UND HEXENSTEIG Nach einer Besichtigungspause steigt man am Bachlauf abwärts und quert den Frankenbach über eine Hängebrücke. Auf der anderen Seite setzt sich der Weg im Wald fort. Er wird als Hexensteig bezeichnet. Angesichts des malerischen Weges über Wurzeln und vorbei an bemoosten Steinen ist das eine sicherlich treffende Bezeichnung, wenn sie auch nicht historisch ist. Etwas links hal-

↓ Der Hexensteig führt malerisch durch den Wald.
↘ Auch der Wasserfall ist wunderschön.

↑ Über dem Wegkreuz ragt die Platter Wand bedrohlich auf.
↗ Der alte Waal ist kaum noch vorhanden.

tend kreuzt ein uralter Waal, ein kleiner Bewässerungskanal, den Weg. Immer noch aufsteigend ist das nächste Ziel der ausgeschilderte Platterhof.

GEHEIMNISVOLLE PLATTERWAND Bevor man ihn erreicht, sieht man schon die große senkrechte Platterwand. Sie besteht aus Gneisgestein, so glatt, dass nur wenige Pflanzen in einigen Felsspalten darauf wachsen.

Sagen und Märchenstationen liegen am Weg.

So gleicht die Wand einer riesigen Schultafel und hat seit jeher Menschen dazu verlockt, sich zu verewigen. Mit bloßem Auge sind schon aus der Entfernung einige größere Steinritzungen, sogenannte Petroglyphen, erkennbar. An der Platterwand stammen die ältesten Darstellungen wohl aus dem 17. Jahrhundert. Es gibt einen Trampelpfad, der direkt unterhalb der Wand verläuft. So kann man sich die Zeichnungen näher ansehen, bevor sie durch Wind und Wetter wieder verschwinden. Aber der Stein könnte mit Sicherheit viele Geschichten erzählen.

MEHR SAGEN Infotafeln erzählen von örtlichen Sagen und Legenden wie die Geschichte um das seltsame Wollknäuel. Sie erzählt, wie eine weiß gekleidete Frau aus dem Gebüsch auf eine Wiese getreten ist, auf der eben das Gras gemäht wurde. Sie warf der Magd ein Wollknäuel zu, das diese unter ihrer Schürze versteckte. Zu Hause begann sie zu stricken und als nach geraumer Zeit die Wolle immer noch nicht zu Ende war, schaute sie unter ihre Schürze. Mit einem Schlag war das Knäuel verschwunden. Da wusste die Magd, dass die Frau zum Volk der Antrischen, der geheimnisumwitterten Berggeister, gehörte. Dann ist es Zeit, beim Berggasthof Platterhof einzukehren und die schöne Aussicht zu genießen. Vor dem Abstieg kann man noch die kleine Hofkapelle anschauen, in der Figuren wichtiger Heiliger stehen. Hinter der Kapelle geht es links, der Beschilderung nach Mühlegg folgend, weiter. Zwischen Waldrand und Steinmauern, die oft mühsam zusammengeklaubt wurden, geht es abwärts. Bald trifft man auf die ersten Häuser und eine Straße, der man nach rechts zur nächsten Straßengabelung folgt. Dort biegt man links ein und erreicht Mühlegg mit seinem herrlichen Ansitz Bergrichter an der großen Talstraße. Am Ansitz quert man die Ahr und folgt links dem Talweg zurück nach Steinhaus.

Das besondere Erlebnis

Das Ahrntal war über viele Jahrhunderte sowohl in wirtschaftlicher als auch in kultureller Sicht durch den Bergbau geprägt (siehe Kapitel 33). Das spiegelt sich zum Beispiel in verschiedenen Bräuchen sowie an zahlreichen Heiligenfiguren in den Kirchen, Kapellen und an Bildstöcken entlang der Wege wider, die meist einen Schutzpatron der Bergleute darstellen. Bergleute gelten ja als besonders abergläubisch! Besonders deutlich spürt man die Einflüsse des Bergbaus an der Architektur vieler Gebäude, die in einem für Südtirol eher ungewöhnlichen Baustil errichtet wurden. So sind die vielen rosaroten Gebäude in Steinhaus, in denen sich das Südtiroler Bergbaumuseum befindet, ein architektonisches Musterbeispiel für die einstige Bergwerkskultur im oberen Ahrntal.

Mühsam hat man die Klaubsteinmauern mit der Hand errichtet.

33

DAS SCHICKSAL IM KUPFERABBAU

Prettauer Bergwerk

Tief im Inneren des Rötbergs im Ahrntal wurde bis ins Jahr 1971 Kupfer abgebaut. Aber schon zur Bronzezeit vor über 3000 Jahren suchte man hier nach dem kostbaren Metall.

Landesmuseum Bergbau **Ort** Hörmanngasse 38/A, 39030 Prettau **GPS** 47.045818, 12.119292 **Anfahrt** ÖPNV: Mit dem Zug nach Bruneck, weiter mit dem Bus ins Ahrntal bis ans Talende nach Prettau; Auto: Durch das Ahrntal bis ans Talende nach Prettau fahren, Parkmöglichkeiten am Bergwerk **Info** www.ahrntal.com und www.bergbaumuseum.it

Die Schächte im Bergwerk waren eng und feucht, man konnte sich kaum umdrehen.

PRETTAUER SCHAUBERGWERK Für ein richtiges Lost-Place-Erlebnis lohnt es sich, eine Führung und Tour im Prettauer Bergwerk zu buchen. Dabei wird man, ausgerüstet mit Regenmänteln und Schutzhelmen, auf einer Grubenbahn in den Berg zum St.-Ignaz-Stollen gefahren. Während der Fahrt wird es dunkel und kühl, und es tropft zum Teil ziemlich heftig von der Decke. Ein paar wenige Lampen erleuchten den in den Stein geschlagenen Tunnel, der schnurgeradeaus leicht aufwärts in die Mitte des Berges führt. Kaum steigt man aus, weitet sich der Raum, trotzdem stellt sich ein mulmiges Gefühl ein, denn man befindet sich nun 1168 Meter tief im Berg und über den Köpfen türmen sich noch einmal 600 Meter Felsen auf. Während des Rundgangs mit einem Führer erfährt man viel Wissenswertes über den Kupferabbau im Ahrntal.

IM WANDEL DER GESCHICHTE Funde haben gezeigt, dass schon zur Bronzezeit Kupfer abgebaut wurde. Damals noch etwas einfacher, denn die ersten Vorkommen fand man an der Erdoberfläche. Dabei handelt es sich um einen Ausbiss, das ist eine Stelle, an der eine Erzader an der Erdoberfläche sichtbar wird. Hatte man so eine Stelle gefunden, konnte man der Erzader in die Tiefe folgen und der Spur nachgraben. So wurde im Lauf der Jahrtausende der Rötberg auf der Suche nach dem wertvollen Metall völlig durchbohrt. Schriftlich belegt ist der Abbau in

↓ Das Leben und die Arbeit der Bergwerker werden bei einer Führung sehr lebendig.
↘ Stilvoll gekleidet geht es mit der Grubenbahn in den Berg.

Das Bergwerk liegt fast am Ende des Tales.

Prettau ab 1426. In dieser Zeit entstanden sieben Stollen über dem St.-Ignaz-Stollen, der als letztes, ab 1761, in den Berg getrieben wurde. Eine unglaubliche Leistung, denn die Bergknappen mussten die Stollen von Hand graben, Sprengstoff gab es erst ab dem 19. Jahrhundert.

TRAURIGES LEBEN Hier, tief im Inneren des Berges, kann man sich gut vorstellen, was für eine unglaublich mühsame und schwere Arbeit im Bergwerk zu verrichten war. Das Leben als Bergmann, aber auch als Holzer, Köhler oder Schmelzer, alles Berufe, die im Zusammenhang mit der Verarbeitung von Metall stehen, war äußerst entbehrungsreich und obendrein sehr gefährlich. Staublungen, Husten, Knochenbrüche, Vergiftungen durch die Verhüttung waren an der Tagesordnung. Rheuma und Verkühlung waren ständige Begleiter. Es gab Verkrüppelungen, Augenleiden, Schwindsucht und Verbrennungen. Die Liste der Krankheiten und der zahlreichen Todesfälle könnte man endlos lang fortsetzen. Zudem gab es Grubenunglücke, durch einstürzende Schächte und Erdbewegungen. Es kam zu vermehrten Lawinenabgängen, denn für die Schmelzöfen benötigte man viel

↓ Nur noch Ruinenreste sind von der Schmelzhütte übrig.

↘ Sie wurde direkt neben dem Ahrbach errichtet.

Nach der Schließung des Bergwerks wurde die Schmelzhütte nicht mehr benötigt, und sie begann zu verfallen.

Holz, das in den nahen Bergwäldern ohne Rücksicht auf den Schutzwald geschlagen wurde. Im Südtiroler Landearchiv befinden sich Aufzeichnungen des Landarztes Franz von Ottenthal (1818–1899), der sehr genau die Krankheiten und Leiden seiner Patienten aus dem Prettauer Bergwerk beschreibt.

DAS ENDE NAHTE Erst im ausgehenden 19. Jahrhundert gab es langsam Verbesserungen für die Knappen. Aber dann wurde 1893 der Bergbau eingestellt, Billigimporte aus den USA machten schon damals den Abbau des Ahrntaler Kupfers unrentabel. 1957 wurde der Betrieb noch einmal aufgenommen, aber dann 1971 doch endgültig eingestellt. Außer den Besuchern des Schaubergwerks fahren heute viele Menschen mit chronischen Atemwegserkrankungen in den Klimastollen des Bergwerks. Für sie gibt es in der heilsamen Luft, die frei von Pollen ist, einen eigenen Gesundheitsraum, in dem sie sich für mehrere Stunden aufhalten, um eine Linderung ihrer Beschwerden zu erzielen.

Das besondere Erlebnis

Wer seine Bergwerkkenntnisse erweitern möchte, kann sich auf die Wanderung über den Bergwerkslehrpfad Knappensteig begeben. Der Startplatz liegt hinter den Museumsgebäuden am St.-Ignaz-Stollen. Die Bergtour (knapp 600 hm, 3.15 Std.) führt über zehn Schautafeln hinauf zum Rötkreuz (2080 m). Dort hat man vor über 600 Jahren als Erstes das Erz entdeckt, denn die Erzader lag fast frei an der Bergoberfläche. Gleich am Bergwerk befindet sich auch das ehemalige Schmelzwerk. Es wurde 1893 ebenfalls eingestellt und zerfiel im Laufe der Jahre. Heute sind nur die Ruinenreste noch übrig.

Die Autos rauschen direkt am Restaurant zur Grenze vorbei, eine Terrasse gab es nicht.

34

GRENZE OHNE NAMEN

Grenzübergang im Pustertal

In Südtirol gibt es einige Grenzübergänge, die meisten davon kennt man mit Namen, wie den Brenner- oder den Reschenpass. Aber die Grenze, die aus dem Pustertal nach Osttirol führt, ist ohne Namen.

Grenze Winnebach **Ort** Pustertaler Staatsstraße, 39038 Innichen **GPS** 46.740430, 12.370136 **Anfahrt** ÖPNV: Mit der Bahn durch das Pustertal, Haltestelle Vierschach-Helm oder Weitlanbrunn in Osttirol, weiter mit dem Bus zur Grenze; Auto: Der Grenzübergang liegt zwischen Winnebach und Weitlanbrunn an der SS49. **Info** www.drei-zinnen.info

EINER UNTER VIELEN – DAFÜR UNBEKANNT Der Grenzübergang zwischen Osttirol und dem Südtiroler Pustertal ist etwas mehr als 100 Jahre alt. Er entstand, als Tirol 1919 nach dem verlorenen Ersten Weltkrieg im Vertrag von Saint-Germain aufgeteilt wurde und Südtirol Italien zugesprochen wurde. Bis dahin war das Pustertal ein einziges, extrem langes Tal, das sich von Mühlbach bei Brixen bis Lienz zog. Erst mit der Abspaltung Südtirols wurde es in das Pustertal und in Osttirol aufgeteilt. Dabei wurde die Grenze noch nicht einmal am höchsten Punkt des Tales gesetzt, wie man es von den anderen Passübergängen kennt. Der liegt bei Toblach, wo sich auch die Wasserscheide befindet. Etwas westlich von Toblach macht sich nämlich die Rienz auf den Weg zur Eisack und damit weiter zur Etsch, die schließlich im Mittelmeer endet, während östlich des Dorfes die Drau entspringt, die sich mit der Donau vereint und nach einer langen Reise im Schwarzen Meer mündet.

PLÖTZLICHE TRENNUNG Stattdessen zog man fast willkürlich die Grenze zwischen Innichen und Sillian. Heute, in Zeiten des Schengener Abkommens und der völlig offenen Grenze, kann man sich kaum vorstellen, was das vor 100 Jahren bedeutete. Ein Land, eine Nation, ein Volk und sogar Familien waren auf einmal getrennt durch einen Schlagbaum. Sogar die Grundstücke und Felder einiger Bauern lagen nun dies- und jenseits der Grenze. Gerade in den Anfangszeiten gab es kaum eine Möglichkeit für einen Passierschein. Das brachte natürlich auch die Wirtschaft im Tal fast völlig zum Erliegen. War früher der Warentransport in jede Richtung möglich, so entstand nun eine Sackgasse. Den Südtirolern brach der Absatzmarkt von Lienz weg und umgekehrt erging es den in Österreich verbliebenen Pustertalern auch nicht besser. Natürlich wurde geschmuggelt, was das Zeug hält, aber ganz unbemerkt blieb den Zollbeamten das rege grenzübergreifende Treiben nicht. Spätestens mit der Machtergreifung Mussolinis und dem verstärkten Einsatz italienischer Grenzpolizisten wurde strenger kontrolliert. Auch der Zweite Weltkrieg brachte nicht die erhoffte Wiedervereinigung und so versank das hintere Talende in der Nähe der Grenze in Einsamkeit.

ZEIT NACH DEM ZWEITEN WELTKRIEG Als am 3. Mai 1945 die US-Einheiten von Innichen nach Sillian vordrangen, kam alles zum

Der Hl. Christopherus, Schutzpatron der Reisenden, sorgt für eine gute Weiterfahrt.

Sogar Tassen stehen noch im Regal des Grenzwirts.

Erliegen. Jegliche Handelsbeziehung zwischen den beiden Ländern waren bis 1949 völlig abgebrochen. Beide Täler verarmten völlig. Erst in den 1950er-Jahren begann langsam ein grenzüberschreitender Austausch, in dem man sich behutsam zum Beispiel mit gegenseitigen Besuchen der Trachtenfeste wieder näherkam. Auch mit dem Aufkommen des Tourismus und der Reisefreudigkeit einiger Automobilisten kehrte langsam Leben in das Tal zurück. Zumindest an der Grenze waren die Pustertaler erfinderisch und bauten eine Bar und eine Pizzeria, die den Reisenden zu einem Einkehrstopp animierten.

Lange ist es her, dass die Leuchtreklame »Cantine« zu einer Pause lockte.

NOT MACHT ERFINDERISCH Als in den 1960er-Jahren die Welle der Gewalt Südtirol erfasste und radikale Gruppierungen mit Bombenattentaten die Loslösung von Italien zu erzwingen versuchten, wurde die Grenze erneut geschlossen. Die Polizei fand nämlich heraus, dass ein Teil der Sprengstoffe über den Pustertaler Grenzübergang nach Südtirol gebracht wurde. Nach den Bombennächten im Juni 1961 durfte man zeitweilig nur noch mit Visum und Pass die Grenze passieren. Dadurch fehlten natürlich wieder die Osttiroler Gäste. Der Einbruch an der Grenze war für die Bar-, Restaurant- und Tankstellenbetreiber enorm. Über den meisten, auf Tagesgäste eingestellten Betrieben kreiste der Pleitegeier. Aber nun erwiesen sich die eingesetzten Zollbeamten als äußerst zuvorkommend und freundlich. Still und heimlich verlegten sie die Grenz um knapp 100 Meter in Richtung Südtirol. So durften die Osttiroler weiterhin ohne Visum und Passzwang an der Grenze einkehren und shoppen gehen.

ABTRANSPORT DES SCHLAGBAUMS Mit dem Beitritt Österreichs in die EU 1995 und der Ratifizierung des Schengener Abkommens wurde am 1. April 1998 der Schlagbaum von den beiden Bürgermeistern der angrenzenden Gemeinden symbolisch abtransportiert. Jetzt war die Grenze für immer, mit der Ausnahmeperiode von Corona, für alle offen. Aber wenn keiner mehr nach »Passaporte bitte« und »Haben

Sie etwas zu verzollen?« fragt, rauscht der Verkehr ohne jede Pause zwischen den Ländern durch. Wunderschön für das geeinte Europa, herrlich für alle Pustertaler und Südtiroler, die nun wieder diesseits und jenseits der Grenze ihrer Arbeit nachgehen, wandern, radeln, Ski fahren oder einfach nur Freunde besuchen können. Aber die Grenze ist heute bis auf eine einzige Einkehrmöglichkeit und einen Wohnmobilstellplatz verfallen. Es gibt keine Tankstelle mehr, keine Geschäfte und auch die alte Pizzeria »Ristorante al Confine«, ist seit dem Tod des legendären Grenzwirts Rudolf Hörmann im Jahr 2009 völlig verwaist. Dabei wirkt das Restaurant so, als ob es schon seit Jahrzehnten verfällt. Auch in seinem Inneren, die Türe steht ein Stück offen, ist das Chaos groß, aber man kann sich gut vorstellen, wie der Wirt hier einstmals alle Hände voll zu tun hatte.

Das besondere Erlebnis

Unerforschte Verbindungsgänge, wilde Ungeheuer, die einen Schatz bewachen, neugierige Turmfalken und das geheimnisvolle Rätsel um mittelalterlichen Mörtel – all dies und noch viel mehr erfährt man bei einer spannenden Führung durch die Burg Heinfels, die wenige Kilometer östlich im Osttiroler Sillian den Eingang ins Villgratental bewacht. Der Kern der Burg wurde im 12./13. Jahrhundert gebaut. Bis 1910 wurde die Burg zuletzt als Kaserne genutzt. Dann stürzte 1917 das Dach ein, und rasch wurde sie zu einer Ruine, die trotz einiger Renovierungsversuche immer mehr zu verfallen drohte. Die Wendung begann 1999 mit der gründlichen Restaurierung. Und heute ist aus dem einstigen Lost Place ein echtes Burgenschmuckstück entstanden. Immer noch Ruine, aber wunderschön und einzigartig.

Nur wenige Kilometer weiter liegt die Burg Heinfels in Osttirol, die von einem Lost Place in eine Burgerlebniswelt verwandelt wurde.

35

WELTKRIEGSDRAMEN IM TUNNEL

Tunnelsystem am Lagazuoi

Am Falzaregopass ragt der Dolomitengipfel des Kleinen Lagazuoi in den blauen Himmel. Idylle pur, wäre da nicht das Wissen um die schreckliche Vergangenheit

Lagazuoi **Ort** Falzaregopass, 32043 Cortina d'Ampezzo **GPS** 46.519328, 12.008332 **Anfahrt** ÖPNV: Nicht möglich; Auto: Über Corvara oder Abtei ins Gadertal und von dort Richtung Cortina d'Ampezzo zunächst über den Valparolapass zum Falzaregopass. Großer Parkplatz an der Seilbahn vorhanden **Info** www.lagazuoi.it

Gewaltig und martialisch liegt das Fort Tre Sassi am Valparegopass.

↑ Am Lagazuoi ist nicht nur das Panorama überwältigend.
↗ Durch alte Schützenstellungen geht es zum Eingang des Tunnels.

UMKÄMPFTE FRONTLINIE Genaugenommen liegen der Falzaregopass und damit auch der Kleine Lagazuoi nicht mehr in Südtirol, sondern im Trentino. Aber er befindet sich ganz nah an der Grenze und als Schicksalsberg ist er ein echter Lost Place. Über sein Gipfelplateau verlief die hart umkämpfte Frontlinie im Ersten Weltkrieg, mit dramatischen Folgen für den Berg: Schützengräben und Tunnelsysteme durchziehen ihn bis heute. Als Italien im Mai 1915 Österreich-Ungarn den Krieg erklärte, weitete sich der Konflikt des Ersten Weltkriegs aus und überall in den Bergen wurde gekämpft. Das Gipfelplateau des Lagazuoi war eine der Frontlinien. Oben harrten die Österreicher sogar im Winter bei Eiseskälte aus und verteidigten den Berg, während aus dem Tal die Italiener versuchten, Land zu gewinnen. Dabei war der Lagazuoi von der italienischen Seite durch seine Steilheit kaum einnehmbar. Bewegung an der Front gab es erst, als sich die Italiener einen Tunnel von unten durch den ganzen Berg bohrten, um die österreichische Stellung zu unterminieren. Er führte vom Martini-Felsband, auf dem die Italiener ihre Stellung in einem durch Felsen natürlich geschützten Bereich errichtet hatten, bis zur Vorkuppe des Kleinen Lagazuoi und wurde in Rekordzeit erbaut. Dieser Stollen ist das kühnste Tunnelsystem, das während des Ersten Weltkriegs realisiert wurde. Er ist fast einen Kilometer lang, begehbar und wurde komplett restauriert.

MEHRWERT AM BERG Man kann das Tunnelsystem komplett durchwandern, aber es ist kein leichter Weg, auch wenn einem die Auffahrt mit einer Gondelbahn erleichtert wird. Für die Begehung leiht man sich am besten Helm und Stirnlampe neben der Seilbahnkasse an einem Kiosk aus. Die Seilbahn befördert einen dann ruckzuck auf den Berg. Das allein ist schon ein spannendes Erlebnis, gibt es doch keine einzige Seilbahnstütze zwischen der Tal- und Bergstation. 630 Höhenmeter Aufstieg hat man sich damit erspart. Die Aussicht ist überwältigend und fühlt sich definitiv nicht verloren oder düster an. Umringt von der Crème de la Crème der Dolomitengipfel, fühlt man sich eher befreit und beschwingt. Wer möchte, besucht noch den Gipfel oder das Museum in der Bergstation. Außerdem finden in den Sommermonaten mehrmals täglich Führungen (gegen Spende) statt. Die mit Soldatenuniform ausgestatten Führer erzählen ungemein viel und äußerst lebendig von der damaligen Zeit.

KEIN LEICHTER WEG – TROTZ AUFFAHRT Dann geht es jedoch ans Eingemachte und direkt unterhalb der Bergstation mit seinem Berggasthof Rifugio di Lagazuoi beginnt der Zustieg zum Tunnelsystem. Ein nur mit einem dünnen Stahlseil gesicherter Bergpfad windet sich mit einigen Stufen im Zick-Zack abwärts. Man muss wirklich schwindelfrei und trittsicher sein, denn sonst ist man hier falsch. Bald wendet sich der Weg nach links und führt durch einige alte Stellungsgräben. Noch immer kann man an einigen Stellen den unverwüstlichen Stacheldraht sehen. Über einen kurzen Grat erreicht man schließlich den Eingang des Tunnels. Alles in allem maximal 20 Minuten ab der Bergstation.

DÜSTER, KALT UND UNHEIMLICH Ab jetzt gibt der Tunnel den Weg vor, und wir machen uns auf den 1 Kilometer langen, dunklen und spannenden Abstieg. Der Weg ist in seiner ganzen Länge mit Drahtseilen gesichert. Nur an einigen Stellen dringt etwas

↓ Gut, wenn man Helm und Taschenlampe dabeihat.
↘ Vom Gipfelplateau fällt die Südflanke steil ab.

Tageslicht durch die in den Felsen gehauenen Fenster und erhellt die Umgebung ein wenig. Hinweisschilder erklären die Geschichte des Baus. Man passiert die einstigen Schlafkammern, in denen die Soldaten auch im Winter ausharren mussten, und ist schließlich froh, wenn man das untere Ende des Tunnelsystems erreicht hat. Jetzt steht man auf dem felsigen Martiniband, dem horizontalen Verbindungsweg der Truppen. Dort heißt es kurz verschnaufen und ein letztes Mal konzentrieren, denn bis zum bequemen Wanderweg geht es noch einmal steil und etwas ausgesetzt bergab. Aber dann hat man es geschafft, und der Weg führt wieder auf völlig sicheres Terrain. Zum Ende wandert man durch Latschenfelder zur Talstation zurück.

Noch mehr Lost Places

Unweit des Lagazoui wartet am nächsten Pass, dem Valparolapass, ein weiterer Lost Place auf interessierte Besucher. Das Forte Tre Sassi ist ein alter Bunker und eine Wehranlage aus dem Ersten Weltkrieg. Heute beherbergt er ein privates Museum mit Blick auf den stark umkämpften Col di Lanas, der als »Berg des Blutes« in die Geschichte einging. An wenigen Orten sind die Spuren des Ersten Weltkriegs so deutlich zu spüren wie hier. In die Luft gesprengte Berge, Stellungen, Gänge, Ruinenreste und Beobachtungsposten mitten in der schönen Bergwelt lassen niemanden unberührt (Info: www.cortina museoguerra.it).

Öffnungen im Tunnel gewähren eine spektakuläre Sicht auf die Dolomiten.

Mit der Burgruine St. Peter findet man einen weiteren Lost Place über der Rastenbachklamm bei Kaltern.

Herrliche Bergwelt und ein gruseliger Alpenwall,
ein erschütterndes Denkmal für eine düstere Zeit in Europa (Kapitel 1).

REGISTER

Ebenfalls erhältlich ...

ISBN 978-3-7343-0108-7

Auf historischen Spuren in den Alpen. Ein Bildband über die Geschichte der Alpen – anhand alter Wege erzählt.

BRUCKMANN

www.bruckmann.de

IMPRESSUM

Verantwortlich: Stefanie Krüger
Redaktion und Lektorat: Franka Virteburch
Korrektorat: Ralf J. Klumb | The Wordworms
Satz: BUCHFLINK Rüdiger Wagner, Nördlingen
Layout- und Reihengestaltung: Mathias Frisch
Covergestaltung: Rudi Stix
Repro: LUDWIG:media
Kartografie: Bruckmann Verlag GmbH, Heidi Schmalfuß
Herstellung: Alexander Knoll
Printed in Slovenia by Florjancic

Sind Sie mit diesem Titel zufrieden? Dann würden wir uns über Ihre Weiterempfehlung freuen.
Erzählen Sie es im Freundeskreis, berichten Sie Ihrem Buchhändler, oder bewerten Sie bei Onlinekauf.
Und wenn Sie Kritik, Korrekturen, Aktualisierungen haben, freuen wir uns über Ihre Nachricht an Bruckmann Verlag, Postfach 40 02 09, D-80702 München oder per E-Mail an lektorat@verlagshaus.de.

Unser komplettes Programm finden Sie unter www.bruckmann.de

Alle Angaben dieses Werkes wurden von den Autoren sorgfältig recherchiert und auf den neuesten Stand gebracht sowie vom Verlag geprüft. Für die Richtigkeit der Angaben kann jedoch keine Haftung übernommen werden, weshalb die Nutzung auf eigene Gefahr erfolgt. Insbesondere bei GPS-Daten können Abweichungen nicht ausgeschlossen werden. Sollte dieses Werk Links auf Webseiten Dritter enthalten, so machen wir uns die Inhalte nicht zu eigen und übernehmen für die Inhalte keine Haftung.
In diesem Buch wird aus Gründen der besseren Lesbarkeit das generische Maskulinum verwendet. Weibliche und anderweitige Geschlechteridentitäten werden dabei ausdrücklich mitgemeint, soweit es für die Aussage erforderlich ist.

Empfehlung der Redaktion Sie sind auf der Suche nach weiterführender Literatur? Dann empfehlen wir Ihnen den Titel »Mystische Pfade Südtirol« von Lisa und Wilfried Bahnmüller. Oder Sie werfen einen Blick in die Zeitschrift BERGSTEIGER. Hier werden Sie bestimmt fündig.

.

Bildnachweis Alle Bilder im Innenteil stammen von den Autoren.
Umschlagvorderseite: Burgruine Untermontani im Vinschgau
Umschlagrückseite: Leonhards Einsiedelei in Weißenstein in den Dolomiten (Kapitel 19)

Die Deutsche Nationalbibliothek verzeichnet diese Publikation in der Deutschen Nationalbibliografie; detaillierte bibliografische Daten sind im Internet über http://dnb.d-nb.de abrufbar.

© 2022 Bruckmann Verlag GmbH, Infanteriestraße 11a, 80797 München

ISBN: 978-3-7343-2079-8